INTRODUCTION

« Les chanceux sont ceux qui arrivent à tout ;
les malchanceux, ceux à qui tout arrive. »
EUGÈNE LABICHE

LA CHANCE, QUEL TALENT !

Crédits des illustrations : Shutterstock.

Direction de la publication :
Isabelle Jeuge-Maynart et Ghislaine Stora
Direction éditoriale : Émilie Franc
Direction artistique : Géraldine Lamy
Édition : Laure Sérullaz
Lecture-correction : Laurence Alvado
Conception graphique et mise en page : Claire Morel Fatio
Couverture : Valentine Antenni
Fabrication : Émilie Latour

ISBN 978-2-03-599969-6

CAROLINE **DE SURANY**

LA CHANCE, QUEL TALENT !

ÉCOUTER SES INTUITIONS, PRENDRE DES RISQUES, AFFRONTER SES PEURS, FAIRE PREUVE DE RÉSILIENCE...

LAROUSSE

SOMMAIRE

INTRODUCTION

« Rien n'est jamais tout à fait joué.
Il n'y a jamais une seule route, un seul destin.
Il faut savoir qu'on peut, qu'on doit choisir.
Mais il faut vouloir choisir.
Croire que c'est possible.
Que le destin, c'est avec ses propres mains
qu'on le construit.
Qu'il est toujours une route ouverte.
Que tant qu'il y a un souffle de vie,
il y a l'espoir de choisir et de changer.
Soi et le monde. »

MARTIN GRAY

Je suis persuadée que nous avons tous beaucoup de chance. Vous n'êtes pas d'accord ? Savez-vous que chaque être humain a une chance sur 400 trillions d'exister ? La probabilité est quand même bien plus faible de vivre l'expérience de la vie humaine que de gagner au loto, une chance sur 2 millions, et pourtant, vous êtes là. Donc vous êtes né chanceux.

Alors certains vont me dire oui, mais, la femme qui naît dans une famille pauvre, qui appartient à une minorité, elle n'a pas de chance. C'est vrai, elle part avec un handicap, mais il y a des gens moins bien lotis qu'elle qui réussissent quand même à être heureux, à se construire une vie agréable, voire à mener la vie de leurs rêves. Ce qui va nous intéresser ici, c'est ce que font ceux qui y arrivent, que font-ils de différent ? Pourquoi, avec les mêmes cartes, certains sont bien dans leurs baskets, épanouis, font ce qui leur plaît, et d'autres pas ?

Toute ma vie, on m'a dit : « Oui, mais pour toi, c'est facile, tu as de la chance. » Peu à peu, cette remarque, qui au début me semblait flatteuse, a commencé à m'agacer, voire à m'insupporter. C'est le point de départ de ma recherche. En me penchant sur la question, en me demandant ce que je faisais différemment de mes amis malchanceux ou moins chanceux, j'ai réalisé trois choses : 1) Cette chance, j'y étais quand même pour quelque chose. 2) Du coup, ceux qui me reprochaient cette chance pouvaient, eux aussi, agir pour en avoir. 3) Si c'était le cas, il fallait que je m'intéresse à la question de plus près, car cela pourrait aider beaucoup de monde. Alors, pendant plus de cinq ans, j'ai pris des notes, lu tous les ouvrages possibles et imaginables sur le sujet, interrogé des personnes qui se considéraient comme chanceuses pour voir si elles avaient le même type de comportements que moi, interrogé des malchanceux pour comparer leur façon de faire, d'agir, de penser, et en 2015, un an après avoir ouvert mon cabinet de thérapie et de coaching, j'ai commencé à donner des cours de chance basés sur mon expérience et mes recherches.

La chance, qu'est-ce que c'est ? C'est quand ce qui vous semble impossible ou très improbable arrive : pouvoir se garer dans un quartier sans parking et très fréquenté, dégoter un bel appartement à un prix correct dans une ville surpeuplée, décrocher un job intéressant dans un contexte économique compliqué, trouver l'homme ou la femme de sa vie sur un site de rencontres quand tout votre entourage prétend que ça ne marchera jamais… La chance n'est pas un sujet sérieux, si ? De quoi allons-nous donc parler ? D'alignement d'étoiles ? De grigris et de chiffres porte-bonheur ? Nous allons surtout nous intéresser aux études qui ont été faites sur la chance. Oui, il y a de très respectables scientifiques, psychologues, psychanalystes ou neuropsychologues, qui ont étudié la chance et la malchance. Nous allons réfléchir, à partir de leurs recherches, de mon expérience et de celle de mes clients, à comment fonctionne la chance. Parfois, la science rejoindra les croyances populaires de façon étonnante, donc oui, nous parlerons aussi de talismans et autres porte-bonheur ou protections contre le mauvais œil, en nous concentrant sur ce qui permet d'obtenir des résultats concrets.

Comment en vient-on à vouloir expliquer à tous dans un livre que la chance est une compétence ? Je fais trois métiers que j'adore : thérapeute, auteure et conférencière. Tous les jours, j'aide les femmes et les hommes qui viennent me consulter à avoir une vie qui leur ressemble, une vie joyeuse qui leur correspond complètement. Je les aide à mieux se connaître, se comprendre et à voir les choses sous différents angles, à se poser des questions qu'ils ne se sont jamais posées. Je leur permets de réaliser à quel point ils ont plus de pouvoir qu'ils ne l'imaginent sur leur existence et bien plus de talents qu'ils ne se l'avouent. Je les accompagne pour faire des choix, prendre des décisions, sortir de leur zone de confort et remettre la chance de leur côté. J'ai envie que plus de monde encore puisse bénéficier de mes conseils et cultiver son bonheur et sa chance, voilà pourquoi j'ai pensé qu'un livre pourrait être utile. J'ajouterai que, dans le contexte actuel qui très axé « prévoyance », où l'on prend des précautions pour tout, où l'on se surprotège à un point frôlant l'absurde, j'ai aussi envie de lancer un pavé dans la mare et de proposer une vision de la vie différente. Parce que si on bâtit sa vie sur des « certitudes », quand elles s'effondrent, on a du mal à accepter la réalité, on s'accroche à ce qui n'est plus et on souffre. Si on accepte que tout est mouvement et que demain, ce qui constitue notre vie aujourd'hui peut changer ou disparaître, que cela a toujours un sens, qu'il y a à la fois une leçon à prendre et un cadeau à trouver, on a moins peur et on est bien plus libre.

Le dalaï-lama dit : « Personne n'est né sous une mauvaise étoile, il y a juste des gens qui ne savent pas lire le ciel. » Partons de ce sage principe pour découvrir les secrets de ceux qui ont de la chance. Ce livre a pour but de vous aider à comprendre ce qu'est la chance et à définir les moyens de la démultiplier dans votre vie pour réaliser vos objectifs de carrière, mais aussi tous vos autres souhaits, avec légèreté et fluidité.

Avec des exercices créatifs et ludiques, nous tenterons de comprendre le rôle qu'a joué la chance dans votre vie, quelle place vous lui avez donnée jusque-là et comment lui laisser plus d'espace. Nous étudierons les différentes façons d'attirer les faveurs du destin et aborderons toutes les méthodes, des plus farfelues aux plus scientifiques. Puis nous réfléchirons à l'utilisation que vous pourriez faire de cette chance nouvelle dans votre carrière ou votre vie privée. Chaque point sera illustré par l'expérience de mes clients ou la mienne, ce ne sont pas juste des anecdotes, mais une façon de montrer que tout est possible, que les seules véritables barrières sont celles que l'on s'impose à soi-même. Le prénom, la profession et/ou le domaine d'activité de mes clients ont été changés pour des soucis de confidentialité.

QUELLE PLACE DONNEZ-VOUS À LA CHANCE ?

En ouvrant ce livre, vous avez pris une excellente décision, c'est une ouverture sur une façon différente de voir la vie, devenir plus acteur, moins spectateur. Où en êtes-vous actuellement avec la chance ? Faites le point en répondant à ce questionnaire. Entourez les réponses qui vous conviennent le plus.

Un ami vous propose de l'accompagner le soir même au vernissage d'un artiste qu'il apprécie.

★ **1.** Vous refusez, vous avez déjà quelque chose de prévu, même s'il s'agit d'un tête-à-tête avec votre télévision.

★ **2.** Vous négociez : vous demandez ce que fait l'artiste, qui il y aura, si on pourra manger quelque chose. Vous acceptez sous certaines conditions.

★ **3.** Vous acceptez, mais râlez un peu, car vous devez décaler vos plans.

Cette année, un nouveau cours de danse ouvre près de chez vous.

★ **1.** Vous aimez celui que vous suivez, vous n'avez pas envie de changer.

★ **2.** Vous allez vous renseigner, mais ça ne vous tente pas vraiment.

★ **3.** Vous vous inscrivez, puis regrettez et avez peur d'être déçu.

Vous avez besoin de sucre pour faire une recette, il n'y en a plus chez vous et les boutiques sont fermées.

★ **1.** Vous renoncez à votre projet.

★ **2.** Vous remplacez le sucre par autre chose : miel, sirop d'érable...

★ **3.** Vous demandez à la voisine en vous excusant cent fois de la déranger.

Dans votre vie en général, vous trouvez que vous avez été plutôt :

* **1.** Malchanceux.
* **2.** Ni chanceux ni malchanceux, ça dépend des jours.
* **3.** Un peu plus chanceux que malchanceux.

Vous découvrez la poterie et réalisez que vous avez un certain talent.

* **1.** Ça fera de bons cadeaux de Noël.
* **2.** Vous décidez de continuer le cours l'année prochaine.
* **3.** Vous proposez à la professeure d'organiser une petite exposition, tout en regrettant tout de suite votre culot.

Comment prenez-vous vos décisions ?

* **1.** En pesant longuement le pour et le contre.
* **2.** En comparant toutes les possibilités et en les analysant bien.
* **3.** En tirant à pile ou face.

Quand il vous arrive une grosse contrariété :

* **1.** Vous maudissez cette vie qui, décidément, vous en veut.
* **2.** Vous essayez de vous en sortir sans trop de dégâts.
* **3.** Vous espérez que quelque chose de bon viendra ensuite vous consoler.

Avez-vous de la chance en ce moment ?

* **1.** Vraiment pas.
* **2.** Un peu, mais pas autant que vous aimeriez.
* **3.** Oui, et vous avez peur du revers de la médaille.

➠ **Si vous avez une majorité de 1 :**
Vous laissez tellement peu d'espace pour permettre à la chance d'entrer dans votre vie qu'elle a bien du mal à vous atteindre. Lâchez du lest, essayez de moins contrôler et osez secouer un tout petit peu plus votre quotidien, vous verrez, la chance vous donnera confiance pour aller encore plus loin. Aidez-vous des conseils du premier chapitre pour vous lancer, puis, au fur et à mesure de votre lecture du livre, adoptez une attitude chanceuse.

➠ **Si vous avez une majorité de 2 :**
Vous trouvez toujours un souci, un problème, un défaut à toute situation. Et si vous utilisiez ce talent d'observation pour chercher des trésors plutôt ? Petit à petit, essayez de voir ce qui est beau et bon autour de vous, et la chance viendra naturellement embellir encore plus votre vie. Pour muscler votre chance et faire de votre entourage votre allié, lisez attentivement le chapitre « Tenter sa chance » qui vous donnera les clés pour une vie plus épanouie. Ensuite, les passages sur la sérendipité et la gratitude vous aideront particulièrement.

➡ **Si vous avez une majorité de 3 :**
Vous ouvrez une toute petite fenêtre à la chance qui s'immisce dans votre vie, mais elle vous fait peur et vous la faites reculer. Votre instinct vous guide sur la bonne voie, laissez-le agir un peu plus souvent, faites-vous confiance, retenez-vous de faire un pas en arrière quand vous avez fait un pas en avant. Vous glanerez plein de conseils utiles tout au long du livre ; les chapitres « La chance, c'est être à l'écoute » et « La malchance » vous aideront particulièrement à profiter de votre bonne étoile.

CHAPITRE 1

MUSCLER SA CHANCE

« La chance d'avoir du talent ne suffit pas,
il faut encore le talent d'avoir de la chance. »
HECTOR BERLIOZ

La bonne nouvelle, c'est que le talent se développe, comme un muscle. Plus on y fait appel, plus il se renforce. On peut imaginer ce premier chapitre comme une grande salle de gym qui vous prépare à devenir un puissant chanceux. Par quoi commencer vos exercices de chance ? Voici tout ce que l'on peut faire de concret et mesurable pour avoir plus de chance.

BOUGER AU QUOTIDIEN

*« Si vous faites ce que vous avez toujours fait,
vous obtiendrez ce que vous avez toujours obtenu. »*
ANTHONY ROBBINS

On s'étonne parfois que rien ne bouge, que rien ne va dans notre sens. Avons-nous mis en place un plan, changé une habitude, regardé ce qui nous rendait si statiques ? La chance ne vient que si on lui ouvre la porte.

COMMENT ÇA MARCHE ?

La chance est vraiment comme un sport, on ne peut espérer se muscler en regardant des vidéos de gens qui portent des poids ou qui courent. De la même manière, vous êtes sur la mauvaise voie si vous enviez les personnes chanceuses ou si vous les observez de loin en vous disant que ce n'est pas pour vous. Pour avoir de la chance, une des premières choses à faire est de créer du mouvement dans votre vie. Pas de grands bouleversements, juste de quoi lui laisser une petite place.

On change un détail et c'est toute la vie qui peut être remise en question. Que se passerait-il si vous preniez un autre chemin pour aller au travail ? Que vous arriverait-il si vous partiez dix minutes plus tôt ? Plein de possibles apparaissent, si petits soient-ils. Si vous continuez votre vie exactement comme hier, même chemin, mêmes collègues, même cantine, même métro, même apéro, mêmes amis, que peut-il se passer ? Rien de particulier. Plus vous cherchez à explorer de nouveaux territoires, plus la chance pourra s'immiscer facilement. Il faut faire de l'espace pour que les cadeaux et les surprises entrent dans votre vie. La routine est un des pires ennemis de la chance. Improvisez. Offrez-vous des choix différents plusieurs fois par jour : descendez une station plus tôt, parlez à un inconnu, chaque petit changement est une porte qui permet à la chance d'entrer. Toute chose, aussi infime soit-elle, est bonne à mettre en place. Remplacez juste le « Ça va ? – Oui et toi ? » par « Comment fais-tu pour avoir si bonne mine ? » ou « Comment as-tu dormi ? », ou répondez au « Ça va ? » rituel par quelque chose d'inattendu comme « Mieux qu'hier. » Faire bouger les détails est une gymnastique essentielle à pratiquer un peu chaque jour, c'est la définition même d'être vivant.

QU'EST-CE QUE JE FAIS ?

Que pourriez-vous changer aujourd'hui ? Quel détail pourrait vous permettre de faire bouger les choses ? Ne passez pas trop de temps à établir une stratégie, dans la vie, on ne sait jamais ce qui va se passer, on croit qu'on maîtrise, mais en réalité, il y a tant de choses que l'on ne peut pas prévoir. Alors lancez-vous. Voici pour vous aider une liste de petites choses que vous pouvez changer sans tout bouleverser :

- Lieu pour faire vos courses.
- Horaire de départ de chez vous.
- Trajet pour aller ou revenir du travail.
- Moyen de transport pour le travail ou pour les loisirs.

- Horaire de réveil.
- Parler à un inconnu en attendant le bus, le métro, dans la file d'attente au supermarché.
- Dire bonjour à un voisin avec qui vous n'avez jamais échangé.
- Envoyer un message à quelqu'un que vous n'avez pas vu depuis des mois, voire des années.
- Rendre service à quelqu'un dont vous n'êtes pas très proche.

Chaque action différente permet de relancer les dés. Plus vous les lancez, plus vous avez de chance de faire un double six. Plus concrètement, en changeant vos toutes petites habitudes, vous rendez possible la découverte de nouveaux lieux, de nouvelles personnes, de nouvelles façons de faire qui vont vous permettre d'ouvrir le panel de vos possibilités.

Apportez le plus de vie possible, ne vous laissez pas paralyser par la peur. Vous avez la chance d'être vivant, ne vous contentez pas d'exister et vous multiplierez vos opportunités.

LES CHIFFRES PORTE-BONHEUR

★★★★★

Demandez autour de vous, vous constaterez que presque tout le monde a un chiffre porte-bonheur. C'est assez étonnant, même les personnes les plus rationnelles ont toujours un chiffre préféré ou détesté et en tiennent compte dans de nombreuses situations.

Quelques chiffres porte-bonheur populaires :

- *Le 7 est un chiffre sacré dans de nombreuses religions : les hindous ont 7 chakras, les musulmans tournent 7 fois autour de la Kaaba, le grand cube noir de La Mecque, le Dieu de la Bible a créé le monde en 7 jours, il est l'un des chiffres les plus populaires. C'est le chiffre le plus aimé dans le monde.*
- *En Chine, le chiffre 8 est associé à la prospérité, à la longévité et à la chance. Des sociétés l'utilisent dans leur logo pour bénéficier de ses bienfaits.*
- *Le chiffre qui a le plus d'impact au monde, c'est le 13. Le pouvoir effrayant de ce chiffre est étonnant. À l'origine, on évite d'être 13 à table à cause de la Cène, le fameux dernier repas de Jésus, où les douze apôtres sont réunis juste avant qu'il soit arrêté et crucifié. Pourtant, bien des personnes qui ne sont pas chrétiennes ont quand même peur d'être 13 à table, voire peur du chiffre 13. La tradition d'éviter d'être 13 à table a été amplifiée par le fait que, longtemps, les services en porcelaine de nos aïeux étaient prévus pour douze, avoir une treizième personne à table était donc un problème pour toute ménagère. Cette superstition est devenue si forte avec le temps qu'il n'y a pas de 13e étage dans la plupart des immeubles, il n'y a pas de rang 13 dans la majorité des avions, pas de chambre 13 dans la plupart des hôtels. Étonnant, non ?*

Certains, à l'inverse, pensent que le 13 est un porte-bonheur, le vendredi 13 est toujours un jour où il y a plus de participants à la loterie. Et vous, êtes-vous triskaïdékaphobe ?

LEUR COUP DE CHANCE

Je suivais depuis quelques mois Armèle, une jeune femme qui s'était perdue dans les méandres d'une grosse boîte de communication qui aspirait toute son énergie. Elle avait trouvé son idée de reconversion, négocié son départ, finissait sa période de préavis, tout était sur les rails, mais elle ne trouvait pas le petit job de transition pour rebondir. Elle avait besoin de se former pendant deux ans pour décrocher le job de ses rêves, fleuriste, et il lui fallait un petit boulot d'appoint pas trop prenant, qui lui laisserait du temps libre, plutôt en fin de journée ou le week-end, tout en lui apportant de quoi vivre.

Lors de notre séance hebdomadaire, elle me raconta ses refus d'embauche divers et variés, et je compris qu'elle était dans ce que j'appelle une spirale négative. Cela arrive quand on pense qu'on n'atteindra pas son but, quel qu'il soit, et qu'on se met à s'auto-saboter. Je lui proposais, pour sortir de cette spirale, de changer trois petites habitudes, rien de radical, juste trois petites choses du quotidien.

Elle décida de changer le lieu où elle faisait ses courses, marché plutôt que supermarché, la façon dont elle se déplaçait, vélo et non métro, et l'heure de son réveil à 6 h 30 au lieu de 7 heures. Avec ses nouvelles habitudes, Armèle découvrit un petit salon de thé près de chez elle, mais un peu plus loin que le métro, qui recrutait une serveuse. Elle vit la pancarte en passant devant à vélo, elle s'arrêta, proposa ses services et fut embauchée tout de suite à mi-temps pour assurer les week-ends. Elle a pu suivre sa formation et travailler juste ce qu'il fallait en parallèle. Si elle avait continué à prendre le métro, elle n'aurait jamais vu cette annonce et serait peut-être encore en train de se désespérer de ne pas trouver le petit boulot dont elle avait besoin. Elle a aussi beaucoup économisé sur ses courses au marché, varié davantage son alimentation, musclé ses jambes, pris un peu de temps pour elle le matin, elle rayonnait et était ravie.

Elle qui aurait pu prétendre avoir la poisse, ne rien trouver et s'épuiser pour rien, avec quelques micro-changements, elle s'est approchée un peu plus de son rêve et a inspiré une de ses amies qui avait peur de sauter le pas.

COMMENCER

*« Il suffit d'un seul choix
pour façonner un destin. »*
WINSTON CHURCHILL

Il faut un début à tout. Se positionner en débutant est une façon extraordinaire d'ouvrir sa vie et de donner à la chance des moyens de vous toucher. Il y a tant à apprendre et à découvrir. Ne pensez jamais que commencer quelque chose est une perte de temps ou qu'il est trop tard, car vous ne savez pas tout ce que cela peut ouvrir en vous.

COMMENT ÇA MARCHE ?

Découvrir un domaine auquel on n'a jamais touché peut donner l'accès à une nouvelle partie de soi, entrouvrir des portes qu'on n'imaginait pas. On peut détester cette nouvelle activité, mais avoir un coup de cœur amical pour une des personnes présentes. On peut tant aimer cette activité qu'elle deviendra un passe-temps pour de nombreuses années. On peut même imaginer que cette nouvelle activité devienne un second job, voire un métier à plein temps. On peut aussi juste développer une nouvelle compétence, élargir les options en apprenant une nouvelle langue, un nouveau sport, une nouvelle façon de peindre ou de dessiner. Tout est possible quand on essaie. L'idéal étant de choisir une activité qui vous fait très envie, mais paraît inaccessible ou impossible, car plus la barrière est haute, plus c'est intéressant d'aller voir ce qu'il y a de l'autre côté. Débuter est à la fois inconfortable et jouissif, car on s'ouvre à un monde complètement nouveau : se découvrir un don, une passion, se faire du bien, mais aussi se défaire d'un rêve qui ne nous appartient pas, c'est-à-dire une ambition qu'on a faite nôtre mais qui, en réalité, est l'envie ou le fantasme d'un autre membre de la famille, d'une partie de nous qui n'est plus vraiment d'actualité. À quand remonte la dernière fois que vous avez fait quelque chose pour la première fois ? Quel souvenir en avez-vous ?

LES LATE BLOOMERS

★★★★★

Ils ont découvert leur passion, leur voie, un sens à leur vie assez tardivement et ont réussi, ce sont les late bloomers. *Ils sont le parfait contre-exemple au très bloquant : « Il est trop tard. » En voici une petite liste qui pourrait vous donner envie d'explorer de nouveaux domaines quel que soit votre âge :*

- *Jusqu'à ses 52 ans, l'acteur* ***Morgan Freeman*** *était inconnu du grand public. Et il a eu son premier Oscar à 67 ans.*
- ***Kazuo Ohno****, le célèbre danseur et chorégraphe japonais, a commencé la danse à l'âge de 29 ans et sa carrière a démarré après ses 43 ans.*

• ***Paul Gauguin****, le peintre dont les tableaux sont aujourd'hui estimés les plus chers du monde, n'avait pas touché un pinceau avant l'âge de 30 ans.*

• *L'Américaine* ***Anna Mary Robertson Moses****, surnommée Grandma Moses, a commencé la peinture à 70 ans après avoir dû abandonner la broderie à cause de son arthrose.*

• *La plasticienne* ***Louise Bourgeois*** *avait 59 ans quand elle a commencé à intéresser la critique. Pour le grand public, elle devra attendre ses 71 ans.*

• ***J. K. Rowling*** *a publié son premier livre,* Harry Potter, *à l'âge de 33 ans.* ***Henry Miller*** *a, lui, attendu ses 44 ans.*

• ***Hokusai*** *a dit : « Il faut jeter tout ce que j'ai fait avant mes 70 ans. »*

• *La créatrice de robes de mariées la plus célèbre,* ***Vera Wang****, a d'abord été skateuse professionnelle, puis journaliste de mode, dessinatrice d'accessoires pour Ralph Lauren avant de créer sa propre griffe à l'âge de 40 ans.*

• *La cheffe américaine* ***Julia Child*** *n'a appris à cuisiner qu'à l'âge de 36 ans. Après avoir essayé de publier ses nouvelles et ses romans pendant des années, elle a sorti le livre de cuisine le plus vendu au monde pour ses 40 ans.*

Alors osez-vous toujours dire qu'il est vraiment trop tard pour commencer ce cours de poterie/comédie/couture/chant/aquarelle... qui vous donne envie ?

QU'EST-CE QUE JE FAIS ?

Le mieux est de vous lancer des défis, par exemple de faire au moins une chose nouvelle simple par jour (goûter quelque chose que vous ne connaissez pas, essayer un nouveau sport, lire un nouvel auteur), trois nouvelles choses par semaine, dix nouvelles choses par mois. Lancez aussi un gros chantier par an ou par trimestre (une nouvelle langue, une nouvelle compétence à développer, une formation…).

Donc, dès que vous pouvez, faites quelque chose que vous n'avez jamais fait : goûtez de nouvelles saveurs, essayez un restaurant que vous ne connaissez pas, prenez un plat en pointant les yeux fermés sur la carte, achetez un magazine qui parle d'un sujet que vous ignorez, mieux, auquel vous ne vous intéressez pas d'habitude, choisissez une couleur que vous ne porteriez pas en temps normal, prenez un cours d'essai de bowling, de yoga, de danse africaine, de bridge, de n'importe quoi au hasard, juste pour voir… Faites-en une tradition, en famille, entre amis, entraîner les autres dans vos exercices de chance est plus que recommandé. Vous n'avez rien à perdre. Et que de découvertes, d'enthousiasme, d'idées, d'amitiés nouvelles à gagner !

LEUR COUP DE CHANCE

J'ai suivi Annie suite à un burn-out. Elle est arrivée, lors de sa première consultation, épuisée, découragée, elle n'avait plus envie de rien. Après quelques séances d'hypnose pour qu'elle reprenne confiance en elle et qu'elle retrouve son énergie, nous avons exploré les possibles.

Nous avons cherché dans ses talents, ses envies, creusé ses valeurs, découvert ses besoins, nous avons dressé un portrait du job idéal, mais rien de concret ne cochait toutes les cases. Elle avait besoin de beaucoup de liberté, de temps pour elle et sa famille, et de créativité. Et c'est là que c'était complexe, car elle disait être nulle pour tout ce qui est manuel, un peu maladroite et pas vraiment douée en quoi que ce soit qui demande de la patience ou de la technique.

Alors je lui ai demandé, si tout était possible, si j'avais une baguette magique, quel serait le métier qui lui plairait ? Sans se mettre de barrière du genre c'est possible ou pas, elle pouvait me dire danseuse étoile si elle voulait. Et là, ses yeux se sont mis à briller et elle m'a dit : « Scénariste. » Je lui ai demandé si elle avait déjà écrit, elle m'a dit que non, qu'elle ne pensait pas être douée. Alors on a parlé du métier de scénariste, de pourquoi ça l'attirait et pourquoi elle n'avait jamais tenté de faire ne serait-ce qu'un atelier pour s'amuser à écrire. Et ce qui en est ressorti est assez perturbant : elle avait peur. Peur d'être nulle et que ça casse son rêve. En le formulant, elle a compris que c'était de l'auto-sabotage, elle a compris que ne rien tenter, c'était avoir déjà échoué. La semaine suivante, elle s'est inscrite à un cours d'écriture de scénario et elle s'est révélée si douée naturellement que le scénariste qui animait l'atelier lui a demandé de l'aider sur un court-métrage qu'il préparait.

Oser essayer ce qui la tentait, mais lui semblait hors de ses compétences, l'a révélée à elle-même et au monde. Aujourd'hui, tout le monde dit qu'elle a eu beaucoup de chance de se reconvertir si facilement.

AGIR

*« Attendre sa chance est vain,
la tenter n'est pas suffisant, il faut la forcer. »*
PAUL CARVEL

Il s'agit d'entrer dans le jeu de la vie. Rester en retrait et observer ne permet pas de jouir des fruits de l'existence. Vous voulez vivre des choses extraordinaires ? Commencez par simplement vivre, vous mettre en mouvement.

COMMENT ÇA MARCHE ?

Rêver d'une vie différente, meilleure, plus glorieuse est utile pour se motiver, mais seule l'action peut donner des résultats concrets. Si le point de départ est le fantasme, si tout projet est d'abord un rêve, il faut se confronter à la réalité assez rapidement pour ne pas perdre de temps et surtout pour ouvrir la porte aux opportunités. Accepter ces règles du jeu, accepter de jouer le jeu de la vie vous permettra de lancer les dés. Alors on se met en action le plus souvent possible. Par exemple, si j'ai envie de gagner plus d'argent, je mets en place une petite phase de réflexion pour trouver comment, je définis de petites étapes réalistes que je planifie dans le temps, puis j'agis immédiatement selon mon plan. Quel est le premier pas que je peux faire tout de suite pour avancer dans ce sens ?

Et demain ? Et cette semaine ? Ce mois-ci ? Et je m'y tiens. Si j'ai besoin de motivation, je peux impliquer des amis en leur proposant d'agir comme moi ou, tout simplement, en les tenant au courant de mes décisions, ce qui m'obligera à les tenir.

QU'EST-CE QUE JE FAIS ?

Impossible d'avoir de la chance si on ne fait rien. La chance ne viendra pas vous chercher au fond de votre canapé. Même pour gagner au loto, il faut sortir, remplir sa grille, payer, conserver précieusement son ticket, regarder les résultats, un certain nombre d'actions sont requises. Demandez-vous ce qui compte le plus pour vous en ce moment : changer de travail ? Se former à une nouvelle discipline ? Rencontrer l'homme ou la femme de votre vie ? En définissant vos priorités, vous pourrez plus facilement élaborer un plan d'action concret. Décidez d'un but, par exemple, si votre priorité est de changer de travail, vous pourriez opter pour un but à moyen terme comme trouver votre ikigai. Définissez ensuite ce qu'il faut faire, petites et grosses actions, pour y arriver, estimez un temps et faites un rétroplanning.

Pour reprendre l'exemple de l'ikigai, vous pourriez trouver un livre ou une méthode en ligne pour vous pencher sur la question, puis vous donner un temps précis pour terminer la moitié des exercices, puis la totalité et enfin le définir. Une action à la fois, semez des graines même toutes petites et, malgré la frustration que peut représenter le temps d'un rétroplanning, vous avancerez concrètement.

MA CHANCE

Petite, je rêvais de dessiner des histoires ; adolescente, j'étais amoureuse d'un dessinateur de BD. J'ai fait les beaux-arts, j'ai toujours été attirée par le dessin, mais ma carrière a vite évolué vers le journalisme, puis la mode avant de bifurquer vers la thérapie. Je gardais au fond de moi une espèce de frustration de ne pas avoir pu devenir dessinatrice de BD.

Le premier livre de développement personnel que j'ai écrit était une bande dessinée. Je venais de terminer le scénario d'une BD sur l'univers de la mode. En déjeunant avec mon éditrice, j'ai dit en plaisantant qu'on devrait en faire une sur le bonheur et elle a trouvé l'idée géniale. Quelques semaines plus tard, je signais le contrat de *Cultiver le bonheur pour les nuls en BD*, mais le travail sur la BD a été très long, ça n'était pas le bonheur. Alors j'ai voulu appliquer ce que je conseillais dans mon livre : prendre les choses en main.

J'ai commencé à me dire que j'aimerais bien maîtriser la totalité du livre, après tout, j'adore dessiner, je pourrais aussi faire les illustrations. Écrire des BD, c'est frustrant, car le dessin prend beaucoup plus de temps que le scénario. Je me suis dit : « Et si je me formais au dessin de BD ? J'en ai toujours rêvé. » Je me suis inscrite à un cours annuel, très fière de ma super idée. Dès le premier cours, j'ai su que ça n'allait pas marcher, j'ai insisté, persévéré, gribouillé, galéré. Jusqu'au jour, plusieurs mois de formation plus tard, où j'ai compris : je n'ai pas la patience ni la minutie pour faire des personnages identiques, d'une case sur l'autre, on ne les reconnaît pas, sauf si je m'y reprends trente-six fois. Au fond, ce n'est pas que je ne peux pas le faire ou que je n'ai pas eu les opportunités, mais je n'ai pas envie de dépenser autant d'énergie pour un résultat moyen.

Voilà comment j'ai lâché mon vieux fantasme de devenir dessinatrice de BD et ça m'a fait un bien fou de me dire que ce n'est pas que je suis malchanceuse de ne pas faire la carrière de mes rêves d'enfant ou que la vie ne veut pas que je la fasse, c'est que je n'ai pas du tout envie de faire ça, c'était juste un fantasme, la réalité ne me plaît pas.

LEUR COUP DE CHANCE

Noémie était venue me voir, car elle voulait devenir professeure de yoga et ouvrir un lieu dédié au bien-être. Elle savait que c'était sa voie, mais le chemin pour y arriver lui semblait tellement immense qu'elle était sur le point de renoncer et cherchait des idées alternatives. Elle se voyait donner des cours de méditation ou de bains sonores, éventuellement se former en parallèle, mais même cela lui semblait insurmontable. Pire, elle ne se sentait pas du tout à la hauteur, elle disait qu'elle n'arriverait pas à trouver l'argent pour monter son lieu, que c'était trop risqué de perdre tant d'années à se former. Alors on a pris point par point toutes les actions les plus terre à terre à mettre en œuvre pour réaliser son rêve. On a estimé le temps que prendrait chaque action, défini l'ordre : se former, créer un réseau, trouver un financement, se faire connaître, trouver un lieu, trouver des partenaires, définir une identité. On a découpé chaque action nécessaire en petits pas que l'on a répartis sur les quatre années de formation jusqu'à l'obtention du diplôme. On a trouvé des idées pour qu'elle puisse gagner sa vie en parallèle et on les a intégrées dans son agenda.

Elle est repartie, ce jour-là, reboostée, et plus elle a avancé dans ses petits pas, plus elle a gagné confiance en son projet. Aujourd'hui, elle est en troisième année et elle a déjà de quoi financer son lieu ainsi que les contacts des personnes qu'elle a envie de faire travailler. Elle est tout près de réaliser ce qu'elle pensait impossible lors de notre première rencontre il y a quatre ans.

MINI-ASTUCE « MAGIQUE » : LES GRIGRIS, ÇA MARCHE

Avoir un objet porte-bonheur sur soi, ça fonctionne. Peut-être pas pour les raisons irrationnelles qu'on imagine, mais simplement parce qu'avec un grigri, on est plus en confiance, on se sent plus fort et, du coup, on a une attitude de chanceux : on ose demander, on persévère, on se lance, on montre de l'assurance, on dégage des ondes positives. Avoir un grigri n'est donc pas une mauvaise stratégie, il faut juste y croire suffisamment pour que l'effet puisse se faire ressentir. Comment tout mettre en œuvre pour qu'un grigri fonctionne :

- *Il faut choisir un grigri lié à un univers spirituel qui vous parle : cela peut être une religion, une croyance ou même juste un lien avec une période particulière comme l'enfance.*
- *Le grigri choisi doit rapidement faire ses preuves, si vous échouez alors que vous l'avez sur vous, changez-en.*
- *Vous pouvez l'investir en créant un petit rituel comme le recharger au clair de lune, le poser près d'une bougie pendant que vous méditez, le faire embrasser par quelqu'un que vous aimez.*

CHAPITRE 2

LA CHANCE, C'EST LES AUTRES

« Nous devons apprendre à vivre ensemble comme des frères, sinon nous allons mourir tous ensemble comme des idiots. »

MARTIN LUTHER KING

Être bien entouré est un des secrets de réussite des chanceux. Nous vivons dans un monde où l'on a parfois oublié de mettre en commun, de partager, de s'entraider, c'est pourtant le moyen le plus sûr d'être soutenu, heureux, de se sentir vivant. Portez-vous chance à ceux qui vous entourent ? Vous entourez-vous de grands chanceux ? Êtes-vous envié ou enviez-vous votre entourage ?

S'ENTOURER

« Seul on va plus vite,
ensemble on va plus loin. »
PROVERBE AFRICAIN

Sur combien de personnes pouvez-vous vraiment compter ? Et combien peuvent réellement compter sur vous ? Savez-vous mettre vos proches à l'aise pour vous demander de l'aide ? Les relier entre eux pour leur ouvrir des opportunités ?

COMMENT ÇA MARCHE ?

Savoir s'entourer, choisir les personnes qui entrent dans notre vie, celles qui y restent est un art difficile et passionnant. Chaque nouvelle rencontre est un grand carrefour de possibles : va-t-on s'apprécier ? Se détester ? Être indifférents ? Va-t-on être capable de s'influencer ? S'inspirer ? S'entraider ? Chaque relation qui se construit est un univers qui s'ouvre, une nouvelle famille qui se développe, autant de personnes qui ont à cœur vos intérêts, autant qui peuvent aussi s'appuyer sur vous et vous permettre de vous sentir utile, vous pousser à vous remettre en question, à évoluer. Créer des liens est un art difficile, il s'agit de trouver le juste équilibre entre rester aligné avec ses valeurs et s'ouvrir à d'autres façons de voir la vie, et parfois, on doute : à quoi bon faire entrer de nouvelles personnes dans un cercle déjà chargé ? Pourquoi m'intéresser à des gens nouveaux alors que je n'ai pas le temps ? À quoi bon faire l'effort de parler avec des gens qu'on ne reverra peut-être jamais ? Parce que c'est le meilleur moyen de faire partie du monde, de se sentir pleinement vivant.

Pour les plus pragmatiques, voici une autre excellente raison : plus on développe son réseau, plus on va rencontrer d'opportunités, avoir de facilité à atteindre une personne dont on a besoin, se trouver en lien avec des personnes qui auront la possibilité de nous aider, parvenir à ce que l'on souhaite. La « théorie des six degrés de séparation », ou « théorie des six poignées de main », a été proposée par le Hongrois Frigyes Karinthy en 1929. C'est le fait que toute personne sur terre peut être reliée à n'importe quelle autre au moyen d'une chaîne de six autres personnes au plus. Cela signifie que, par leur intermédiaire, on peut toucher n'importe qui. Par exemple, l'ami d'un ami, d'un ami, d'un ami, d'un ami, d'un ami à vous connaît forcément le président de la République. Une étude plus récente, réalisée sur les réseaux sociaux par une université milanaise, montre que l'on est même tombé à 4,74 degrés grâce à la toile du Web qui nous relie. Encore plus facile, quatre ou cinq poignées de main et vous pouvez rencontrer la personne dont vous avez besoin. Partant de cette idée, plus vous avez de contacts autour de vous, plus vous aurez de chance d'avoir dans vos proches quelqu'un qui connaît quelqu'un qui pourra vous aider, vous embaucher, vous loger...

MA CHANCE

Lors d'un voyage pour le travail, un shooting pour une boutique de luxe à Florence, l'équipe dont je fais partie est invitée à un concert de Madonna. Épuisée par une grosse journée de prises de vue assez physique, je suis directrice artistique à l'époque, je rêve d'un bon dîner et de retrouver mon lit. J'en parle à l'attachée de presse de la marque pour qui je travaille. Elle n'a pas été invitée et rêve, elle, d'aller au concert. Je lui donne mon billet. Ravie, elle me propose en contrepartie de la remplacer à un dîner de son équipe sur le rooftop d'un hôtel. J'y vais, un peu inquiète de me retrouver au milieu d'inconnus dans un dîner où je n'ai rien à faire. J'arrive en avance et m'assieds à côté de la seule personne déjà installée. C'est une jeune femme hyper habillée, maquillée, coiffée, parfaite jusqu'au bout des ongles. Je n'aurais pas osé lui parler en temps normal, mais comme nous sommes seules, je lui demande ce qu'elle fait, puis nous discutons un peu. À l'époque, je cherchais à déménager, car je venais de me marier et nous voulions avoir notre endroit à nous. Je lui parle de mon projet, elle sursaute et me dit : « Ça fait des semaines que j'angoisse, car je n'ai pas envie de confier mon appartement à une agence pour le louer et je voudrais que ce soit simple, quelqu'un de mon réseau, mais pas trop proche, sans mettre une annonce et être harcelée. C'est un deux-pièces dans le Xe arrondissement à Paris, ça ne vous intéresserait pas, par hasard ? » C'était pile le quartier où j'avais envie d'être, quant au tarif, elle m'a dit : « Dites-moi ce que vous pouvez payer et je m'adapterai. » Voilà comment j'ai trouvé un très joli deux-pièces bien situé à un prix très raisonnable.

QU'EST-CE QUE JE FAIS ?

Il suffit de multiplier chaque jour les personnes qui vous apprécient en parlant le plus souvent possible à des inconnus. Quitte à vous forcer un peu au début, cela deviendra vite naturel tellement vous trouverez du plaisir à découvrir de nouvelles personnes, ouvrir les portes à de nouvelles coïncidences. Pour lancer la machine, vous pouvez vous poser des défis : parler tous les jours au moins à un inconnu, essayer de dire plus de deux phrases à quelqu'un dans l'ascenseur, à l'arrêt de bus, demander ou proposer quelque chose à un voisin. Pour vous faciliter la tâche vous pouvez travailler à l'avance ce que l'on appelle l'*elevator pitch*. C'est une petite présentation de qui vous êtes, de ce que vous faites, très courte et intrigante, qui est beaucoup utilisée par les startupers et toutes les personnes qui cherchent à faire vivre leur projet. Par exemple : « J'aide les femmes à bien vivre leur grossesse grâce à la méditation » ou « Je conçois des programmes bien-être pour les spas d'hôtels. »

Pour calmer les angoisses des plus réticents, partez du principe que les gens sont pour la plupart très amicaux. Quand on arrive avec un bon état d'esprit, on est toujours vu comme quelqu'un de sympathique.

DIRE OUI

« Yes we can. »
BARACK OBAMA

Osez-vous dire oui quand on vous propose quelque chose de nouveau ? Quand on vous ouvre une porte, entrez-vous ? Ou bien vous faites-vous prier ? Quand avez-vous dit oui récemment ? Qu'est-ce que cela vous a apporté ?

COMMENT ÇA MARCHE ?

Culturellement, en Occident, on a plutôt tendance à dire oui mais, voire non. Accepter les propositions, même et surtout si elles semblent inhabituelles, étonnantes, voire effrayantes, n'est pas un réflexe établi. Pourtant, s'ouvrir à ce que notre entourage nous propose, même si on a la flemme ou que l'idée ne nous séduit pas plus que ça sur le coup, peut se révéler très efficace pour avoir plus de chance. Accompagner quelqu'un faire quelque chose qui ne vous plaît pas ou ne vous tente pas ne vous engage pas à grand-chose, en revanche, dire non ferme la porte à de nombreuses opportunités. Si on sait que vous êtes quelqu'un de partant, on va vous proposer beaucoup plus de choses, vous solliciter beaucoup plus souvent, ce qui va multiplier encore les occasions de rencontres, découvertes, nouvelles idées. Dire oui, c'est entrer dans le tourbillon de la vie, c'est comme accepter d'aller danser dans une soirée, c'est accepter de prendre part à la fête, c'est se faire légèrement violence pour accéder à encore plus de joie.

CHANCE CINÉMATOGRAPHIQUE

*****

Le film Yes Man *de Peyton Reed avec Jim Carrey raconte l'histoire d'un homme banal pour qui la vie est maussade et qui, d'un seul coup, voit sa vie se transformer complètement grâce au pouvoir du « oui ». Il commence à dire oui à tout et rencontre une petite amie, obtient une promotion, jusqu'à ce qu'il s'emballe un peu trop.*
On sourit à l'évocation des réunions de développement personnel accompagnées par un gourou du « oui ». Un bon film pour se mettre de bonne humeur et se convaincre du bien-fondé de dire oui plus souvent.

QU'EST-CE QUE JE FAIS ?

Commencez par vous lancer un petit défi. Dites oui à tout pendant une journée entière. Oui pour prêter votre agrafeuse, oui pour gérer tel ou tel dossier au bureau, oui aussi à la collègue que vous n'appréciez pas plus que ça qui vous propose un café ou même un déjeuner. À la fin de la journée, observez : êtes-vous plus ou moins joyeux que d'habitude ? Qu'est-ce qui a été difficile ? Qu'est-ce que cela vous a apporté ? Qu'est-ce que vous avez vécu qui n'aurait pas pu arriver autrement ?

Essayez d'en faire un principe. Au lieu d'avoir le réflexe de dire non à tout le monde ou oui mais, essayez de d'abord envisager le « oui », puis réfléchissez et essayez de dire oui le plus souvent possible. Même et surtout quand c'est périlleux ou inconfortable. On vous propose un remplacement pour un job que vous ne savez pas faire ? Acceptez et apprenez. Vous entendrez : « Tu as de la chance d'avoir décroché un super job sans avoir de formation. » Un job qui vous ennuie ? Acceptez en négociant un salaire très élevé. On vous dira : « Tu as de la chance d'être aussi bien payé ! » On vous propose juste une soirée toute pourrie ? Essayez quand même, si ça se trouve, vous y ferez une rencontre déterminante, et on vous dira : « Tu as de la chance d'être si bien entouré. »

BIJOUX PORTE-BONHEUR

★★★★★

Il existe de nombreuses histoires parfois troublantes de bijoux porte-bonheur ou de bijoux porte-malheur. Avez-vous entendu parler du diamant Hope ? Une superbe et très grosse pierre qui aurait porté malheur à toutes les personnes qui l'ont possédée : morts brûlées, maladies… Comme une malédiction qui viendrait du fait qu'à l'origine le diamant aurait été volé dans un temple sur une statue représentant une déesse hindoue.
À l'inverse, la superstition a porté bonheur à Van Cleef & Arpels qui créa, en 1968, la collection Alhambra, dont un collier chaîne avec des pendentifs en forme de trèfle à quatre feuilles, symbole de la chance au jeu. C'est depuis l'un des bijoux les plus vendus et les plus copiés au monde.
Côté porte-chance, j'aime particulièrement l'histoire de la « médaille miraculeuse ». Durant son noviciat, en 1830, sœur Catherine Labouré a trois apparitions consécutives de la Vierge, elle demande alors à la mère supérieure de son couvent de fabriquer et distribuer des médailles représentant la Vierge. Ces médailles deviennent très populaires, notamment lors de l'épidémie de choléra qui frappe Paris en 1832, durant laquelle une centaine de personnes meurent chaque jour. Tout Paris veut sa médaille et on compte de nombreuses conversions.

LEUR COUP DE CHANCE

J'ai suivi Mélanie qui, après un burn-out, est venue me voir pour trouver sa voie. Après quelques errances et gros doutes, elle a compris qu'elle s'interdisait de vivre son rêve qu'elle considérait comme impossible : devenir photographe. Elle s'est formée à la photographie, nous avons trouvé ensemble des pistes pour booster sa confiance, pour travailler sa force de conviction, et elle a rapidement commencé à décrocher de petits contrats.

Elle était contente, mais pas vraiment satisfaite. Très exigeante envers elle-même et très engagée, elle avait envie de trouver une forte et véritable confirmation qu'elle était sur la bonne voie. Je lui ai proposé un défi, je lui ai demandé de passer 48 heures à dire oui. Avec un seul joker. Un peu réticente, elle a accepté en ne voyant pas vraiment en quoi cela allait résoudre la question.

Le lendemain de la séance, une amie journaliste l'appelle et l'invite le soir même à un vernissage photo autour de la sortie d'un livre sur un grand skater. Fatiguée de sa journée, Mélanie, qui n'est pas une passionnée de skate ni de networking, va refuser, puis elle se souvient de son engagement, elle hésite à faire jouer son joker, car vraiment, elle ne voit pas l'intérêt de se déplacer à l'autre bout de Paris pour trois photos sur un sujet qui l'indiffère. Elle accepte malgré tout et rejoint son amie qui est en train de discuter avec l'attachée de presse du livre quand elle arrive. Mélanie se présente en disant qu'elle est photographe. L'homme juste derrière elle entend la conversation et dit à Mélanie : « Excusez-moi, je vous ai entendu dire que vous étiez photographe, nous faisons une séance pour la promotion d'un surfer très connu et notre photographe vient de nous planter, voulez-vous le remplacer ? »

Là, Mélanie n'a pas hésité, elle a dit oui tout de suite. Le lendemain matin, elle faisait la séance photo la plus intéressante de sa carrière : un surfer mondialement connu pour elle toute seule, sans aucun autre photographe, faisant du stand up paddle sur la Seine. Ses photos ont beaucoup plu et ont donné l'élan qui manquait au lancement de sa carrière.

PRENDRE SOIN DE SON RÉSEAU

« Je n'ai tant de chance que parce que tu m'aimes. »
GOETHE

Être bien entouré est une chose, savoir conserver ses relations, les garder vivantes, les préserver du manque de temps, de l'éloignement, de l'érosion du quotidien en est une autre. Pour avoir la chance d'être aidé, soutenu, aimé, il faut savoir donner du temps, offrir des opportunités et surtout oser demander.

COMMENT ÇA MARCHE ?

C'est bien de s'entourer, d'avoir du monde à portée de téléphone ou de message, mais pour qu'un réseau soit efficace, il faut l'entretenir. Rendre des services, présenter des gens entre eux ou même simplement maintenir un contact régulier. C'est d'autant plus facile avec les réseaux sociaux qui rappellent, entre autres, les dates d'anniversaire, les centres d'intérêt communs, mais qui nous noient aussi sous trop d'amis, trop de messages, trop d'informations. Entretenir son réseau, c'est cultiver le jardin des possibles. Ainsi, chaque personne qui a une image positive de vous, à qui vous demandez des nouvelles de temps en temps, à qui vous pensez et le lui dites parfois, à qui vous rendez service, sera encline à vous aider quand vous en aurez besoin, mais aussi pensera à vous, et c'est là que plus elle vous connaîtra et plus ce sera bénéfique.

QU'EST-CE QUE JE FAIS ?

Combien de personnes avez-vous dans le répertoire de votre téléphone ? Sur ce nombre, à combien avez-vous parlé dans les dix derniers jours ? Les six derniers mois ? Et sur les réseaux sociaux, combien d'amis ? Combien de contacts récents ? Envoyez un petit message sympathique à toutes les personnes dont vous n'avez pas eu de nouvelles depuis plus de six mois. Téléphonez à ceux dont vous êtes plus proche, un coup de fil amical fait toujours plaisir. S'il y a dans vos « amis » de réseaux sociaux des gens que vous ne connaissez pas ou dont vous ne vous souvenez pas, envoyez-leur quand même un mot, en étant tout à fait honnête : je ne me souviens plus comment nous sommes entrés en contact, que faites-vous en ce moment ? Quels sont vos projets ? Par la suite, essayez de penser aux anniversaires, d'envoyer un message de temps en temps quand vous tombez sur un article qui pourrait intéresser la personne ou quand vous voyez une conférence, un événement, n'importe quoi qui vous la rappelle de près ou de loin. Envoyer un lien avec un petit mot du genre « j'ai pensé à vous/toi » prend dix secondes et permet de garder le contact. N'ayez pas peur de faire bizarre en réapparaissant au bout de plusieurs mois ou années, mettez-vous à la place de l'autre, ne seriez-vous pas ravi qu'il ou elle fasse l'effort de renouer les liens avec vous ? N'hésitez pas à ouvrir des comptes sur différents réseaux pour toucher plus de monde, à partir de vos quelques « vrais » amis connectés, découvrez des personnes à des postes clés dans votre domaine, trouvez des contacts qui s'intéresseront à ce que vous proposez, provoquez des nouvelles rencontres heureuses.

LEUR COUP DE CHANCE

La première fois que j'ai vu Mathieu, il venait de négocier son départ d'une grosse boîte de pub. Créatif et doué pour l'écriture, sans peur des chiffres, il a vite trouvé son chemin : monter sa propre structure et créer une application utile à la vie quotidienne. Un énorme souci bloquait son projet qu'il voulait ambitieux : il avait besoin d'un investissement important qu'il ne pouvait faire lui-même. Il a tenté un financement participatif sur une plate-forme, cela a fonctionné, mais pas autant qu'il l'espérait. Lors d'une séance, il m'a avoué être sur le point de laisser tomber et reprendre un emploi, le temps de mettre de côté ce qui lui manquait. Puisqu'il avait failli avoir un burn-out, je l'ai poussé à explorer les pistes qu'il avait négligées. Qu'en était-il de ses proches ? De sa famille ? De ses amis ? Il m'a dit que chacun avait mis ce qu'il pouvait dans le financement participatif. Et les moins proches, insistais-je. Et là, il a pensé à quelques personnes de son cercle plus éloigné qui partageaient sa passion pour la technologie ou qui avaient les moyens d'investir dans un projet. Il n'avait pas osé les solliciter, car ils n'étaient pas si proches que ça, en lien avec lui une ou deux fois par an, sans se voir, juste un petit mot pour prendre des nouvelles, mais puisqu'il n'avait plus le choix, il a dépassé sa peur et a contacté chacune de ses personnes. Parmi les dix contacts, deux ont répondu présent. Mathieu a réussi à financer son projet sans faire appel aux banques, juste parce qu'il a entretenu pendant des années les liens avec un ancien ami de lycée et une copine de fac qui avaient pourtant pris des chemins très différents du sien.

DEMANDER

« La chance dépend
de notre sécurité intérieure. »
ARLETTE GARIH, PSYCHANALYSTE

Qu'est-ce qui fait que demander nous est si difficile ? Pourquoi a-t-on tant de mal à avouer qu'il nous manque quelque chose ? Pourquoi prend-on des chemins si complexes pour exprimer nos besoins ? Voire pire, pourquoi parfois ne connaissons nous-mêmes pas réellement nos besoins tant on les a enfouis en nous ?

COMMENT ÇA MARCHE ?

Comment espérer avoir ce dont vous avez besoin dans la vie si vous n'osez pas le demander ? Votre voisine peut-elle deviner que vous n'avez plus d'œufs et venir sonner à la porte par hasard pour vous en proposer ? C'est peu probable, c'est pourtant ce qu'espèrent la plupart des gens de la vie. Demander offre trois bénéfices directs : 1) Cela vous pousse à formuler vos besoins, donc à les clarifier. 2) Cela vous permet d'augmenter fortement la possibilité d'obtenir ce que vous souhaitez. 3) Et comme cela valorise celui ou celle à qui vous demandez de l'aide, qui du coup est ravi et vous apprécie d'autant plus, cela renforce ainsi votre réseau. On vous dira oui bien plus souvent que vous ne l'imaginez, et si la personne à qui vous faites une demande ne peut pas vous aider, elle aura sûrement une idée pour vous faire avancer dans votre quête. Les réseaux sociaux permettent aussi de demander de l'aide de façon moins engageante, on peut lancer un statut et demander des conseils, des idées, un prêt d'objet, bref, ce dont on a besoin et on obtient généralement beaucoup de réponses, car encore une fois, nous aimons tous rendre service, et encore plus si ça se voit.

N'hésitez pas à viser haut, demander plus et à solliciter des personnes ou des entreprises qui pourraient vous sembler inaccessibles. Visez haut, quel que soit le domaine, quel que soit le sujet. Plus la personne a un poste ou un statut élevé moins les gens osent la solliciter, en ayant l'audace de le faire, vous sortirez du lot.

LA COMMUNICATION NON VIOLENTE

*****

Dans Les mots sont des fenêtres (ou bien ils sont des murs), *Marshall B. Rosenberg propose de changer notre façon de communiquer. Il explique que nous avons tendance à aller au conflit dans nos demandes et que cela ne pousse pas les autres à coopérer, bien au contraire. Il s'étonne que, malgré la contre-productivité, nous continuons à préférer faire des reproches aux autres plutôt que d'apprendre à exprimer nos besoins avec respect. Il développe une méthode qui permet d'abord d'être clair avec ses besoins, qu'est-ce que je souhaite comme résultat, puis de les formuler de façon non agressive en faisant des demandes précises sans accuser l'autre. Par exemple, plutôt que : « J'en peux plus de tes chaussettes sales partout dans la maison, tu m'énerves », dire : « J'ai un grand besoin de voir notre maison nette et rangée, cela me rend joyeux. Pourrais-tu mettre chaque jour tes chaussettes dans le panier de linge quand tu les enlèves, s'il te plaît ? » Il étaye son propos de beaucoup d'exemples édifiants. En le lisant, cela semble évident, c'est une révélation. Puis la pratique peut s'avérer complexe, car on est tellement habitué à communiquer sur un mode agressif qu'on y revient plus vite qu'on imagine. Pour avoir toutes les chances que votre entourage adhère à vos demandes, pratiquer la communication non violente est une piste formidable à condition de s'entraîner et de tourner sa langue sept fois dans sa bouche avant de parler.*

MA CHANCE

Quand j'avais mon site de mode, je cherchais comment proposer plus d'articles sans embaucher de journalistes, car je n'en avais pas les moyens. J'avais envie d'offrir des visions différentes de la mode, pas seulement la mienne, et les journalistes spécialisés sont rares et chers. J'ai eu l'idée de faire participer des personnalités connues dans le monde de la mode et de leur proposer une plate-forme d'expression, des gens dont écrire n'était pas le métier, mais qui avaient un accès privilégié aux coulisses du prêt-à-porter et qui seraient ravis d'être mis en avant.

Pour être suivie, et par les lecteurs et par ces personnes, il fallait que le premier collaborateur soit une tête d'affiche, un mannequin connu ou une personne incontournable. Je n'ai pas eu le choix, j'ai dû viser très haut. J'ai demandé à un des plus grands producteurs de défilés, j'étais persuadée qu'il allait refuser, comment aurait-il trouvé le temps ? Au contraire, non seulement il a dit oui, mais en plus, il a choisi d'écrire quotidiennement. Quelle chance !

J'avais aussi demandé à d'autres personnes moins influentes, car il me fallait un plan de repli au cas où il aurait dit non, toutes ont refusé. Si je n'avais pas osé viser aussi haut, cette rubrique de mode n'aurait jamais existé.

LEUR COUP DE CHANCE

Désirée avait de gros doutes sur ses choix professionnels, elle avait pourtant une brillante carrière dans la culture, beaucoup voyagé, travaillé à l'étranger. De séance en séance, nous avons mis au jour son besoin de créer et de faire du concret. Passionnée par tout ce qui simplifie la vie, elle s'est naturellement tournée vers le design d'objets.

Seulement, à 31 ans, il fallait qu'elle recommence tout à zéro, sa formation et son expérience n'allaient lui servir à rien. Par chance, elle était au chômage et avait droit à des formations. Quand nous l'avons évoqué, elle m'a dit que jamais l'administration ne lui financerait une formation longue, chère et à plein temps pour un secteur qui embauche peu alors qu'elle était diplômée et expérimentée dans un autre secteur. Autant elle pouvait retourner vivre chez ses parents pour moins dépenser, autant ils ne pouvaient pas prendre en charge sa formation de deux ans. Elle a quand même fait une demande de financement. Sa demande a été acceptée, la formation a été financée à 80 %, elle a mis toutes ses économies pour boucler le budget et a pu suivre son vrai chemin.

Que serait-il arrivé si elle n'avait pas demandé à l'administration ? Aujourd'hui, elle est diplômée et a été embauchée par l'entreprise dans laquelle elle a fait son stage de fin d'études.

QU'EST-CE QUE JE FAIS ?

N'attendez pas de vous retrouver dans une situation où vous n'avez pas d'autre option pour demander ce dont vous avez besoin. Chaque matin, déterminez le but de votre journée, puis demandez-vous ce dont vous avez besoin pour y arriver. Listez et voyez ce que vous pouvez déléguer ou demander et à qui. En prenant l'habitude, chaque jour, de demander au moins deux ou trois choses, vous aurez beaucoup plus de facilité à faire des demandes. La plupart du temps, les gens acceptent, et s'ils refusent, c'est toujours un moyen de créer du lien, d'échanger. Ils peuvent aussi vous indiquer quelqu'un d'autre qui serait plus à même de vous aider. Au pire, vous faites face à un refus, qui vous remet dans la situation de départ : un besoin à combler. Au mieux, et c'est bien plus fréquent que vous ne l'imaginez, vous obtenez ce que vous voulez, tout simplement.

MINI-ASTUCE « MAGIQUE » : EXPRIMER ET PARDONNER

Quand on vit sur une île, on ne peut se permettre de rester fâcher avec les autres personnes, car elles sont essentielles à notre survie, c'est pour cette raison qu'est né le rituel hawaïen « Ho'oponopono ». Il s'agit de dire tout ce qu'on a sur le cœur à la personne qui nous pose problème, puis de terminer par un « désolé, pardon, merci, je t'aime. »

★ ***Désolé :*** *parce que nous sommes responsables de tout.*

★ ***Pardon :*** *d'avoir causé cette situation.*

★ ***Merci :*** *de m'avoir fait vivre cette situation qui m'a fait évoluer.*

★ ***Je t'aime :*** *mon amour est inconditionnel.*

Quel que soit le conflit, utiliser cette méthode permet d'avoir des relations saines, d'exprimer ce que l'on a à dire en étant responsable de ses actes et de faire la paix avec soi et les autres.

Si vous n'osez pas le faire avec la personne concernée, le faire seul en visualisant cette personne en face de vous fonctionne aussi très bien puisqu'il s'agit surtout de lâcher prise, de pardonner et de vous délester de ce poids.

ÊTRE AUTHENTIQUE

« Il n'est pas possible de vivre heureux
sans être sage, honnête et juste,
ni sage, honnête et juste sans être heureux. »
ÉPICURE

Dans un monde où tous avancent masqués, cachent leur jeu, voire en ignorent même les cartes, il est très complexe d'apprendre à se connaître vraiment, en éliminant les nombreuses influences et obligations, et encore plus périlleux d'assumer aux yeux de tous qui on est. C'est pourtant nécessaire pour avoir une vie alignée et chanceuse.

COMMENT ÇA MARCHE ?

On passe beaucoup de temps et on dépense beaucoup d'énergie à cacher nos véritables sentiments, à jouer un jeu amoureux, à développer une stratégie au travail. On se planque derrière des prétextes, des faux-semblants. Que se passerait-il si on était plus vrai ? Se montrer tel que l'on est, c'est accepter ses failles, sa vulnérabilité. Jouer franc jeu, c'est prendre le risque d'être moqué, de ressentir la peur qui nous tordait déjà les boyaux en primaire, et ça ne s'est pas arrangé avec le temps. On a honte de qui l'on est, très peu de gens assument pleinement leurs failles.

Et quand bien même on arrive à surmonter notre angoisse, la vérité fait peur. Elle nous effraie, car elle a un effet miroir : si je dis ma vérité, la personne en face peut aussi enlever le masque. Est-on prêt à entendre ce qu'elle a à dire ? Avouer ses sentiments à quelqu'un, c'est accepter que cette personne ne les partage peut-être pas. Mais à quoi bon rester dans un espoir vain ? Ne vaut-il pas mieux faire avancer les choses, y voir clair ? D'autant qu'il est possible que ce soit réciproque. Pourquoi perdre de précieux jours, des semaines, des mois alors que cet amour est possible ? Si on dit à son patron qu'on s'ennuie, on prend le risque qu'il nous donne plus de travail, ou qu'il le prenne mal, se méfie, pense à se séparer de nous, mais on ouvre la possibilité qu'il nous propose un poste plus stimulant.

Le fait de dire la vérité appelle l'autre à dire la sienne aussi, c'est un grand risque, mais ça fait gagner beaucoup de temps et cela évite de prolonger des situations bancales : je veux 4 enfants avec toi/je n'ai pas du tout envie de fonder une famille, j'espère un CDI/je ne travaillerai qu'avec des free-lances.

LEUR COUP DE CHANCE

Julie est venue me voir, car elle n'arrivait pas à créer une relation durable avec un homme. À chaque fois, c'était le même scénario : au moment où elle commençait à s'attacher, son petit ami prenait la fuite. Elle avait envie de fonder une famille et commençait à s'inquiéter de voir le temps passer sans qu'elle ne rencontre l'homme de sa vie. Nous avons travaillé sur sa confiance en elle, sur les besoins qu'elle se devait de combler elle-même, elle a fait rapidement beaucoup de progrès, gagné en aisance et en confiance, et elle a fait une belle rencontre, Alexis. Leur relation semblait bien équilibrée, Julie semblait heureuse, mais au bout de plusieurs mois, elle arrive en consultation et me dit : « J'en ai assez, j'ai l'impression qu'il va se défiler comme les autres. »

On passe la séance à essayer de comprendre le souci, et après avoir retourné l'histoire dans tous les sens, je lui demande si elle lui a simplement demandé s'il souhaitait fonder une famille. Elle m'explique que c'était bien trop tôt, qu'elle a peur de le faire fuir. Je lui demande si l'inverse lui semblait possible, s'il s'éloignait parce qu'il avait l'impression que la relation ne menait à rien ? Là, Julie s'est effondrée en larmes et m'a dit qu'elle faisait semblant de ne pas vouloir trop s'attacher, qu'elle lui a même proposé de voir d'autres femmes pour ne pas qu'il se sente piégé. Heureusement, elle a pu avoir une discussion avec lui et clarifier son envie avant qu'il ne soit trop tard, car effectivement, Alexis, qui souhaitait aussi avoir des enfants, ne voulait pas perdre son temps avec une histoire trop légère. Quelques semaines plus tard, il la demandait en mariage.

CHANCE CINÉMATOGRAPHIQUE

★★★★★

Mytho Man *est un film de Ricky Gervais et Matthew Robinson avec Jennifer Garner qui raconte l'histoire d'un monde où le mensonge n'existe pas. Un jour, le personnage principal ment au guichet de la banque. Petit à petit, il ose des mensonges de plus en plus gros et passe d'une vie de « loser » à une vie fantastique où tous ses rêves se réalisent, jusqu'à ce qu'il devienne un genre de gourou et que tout devienne très bancal. Le film est très drôle et met l'accent sur les paradoxes de la vérité et du mensonge.*

QU'EST-CE QUE JE FAIS ?

La première chose est d'être clair sur vos intentions, vos envies, vos besoins. Pour cela, prenez bien le temps de faire le point et de vous demander ce qui est vraiment important pour vous. Ensuite, essayez petit à petit de ne plus cacher vos intentions, une fois qu'elles sont évidentes pour vous, c'est plus facile de les assumer et de les exprimer. Dire votre vérité va forcément entraîner une réaction chez les autres. Connaître en retour les intentions de votre entourage et des personnes avec qui vous interagissez est un saut dans le vide, mais c'est le meilleur moyen d'avancer vers votre chance. La vérité attire la vérité et fait gagner un temps précieux.

LE POUVOIR DE LA VULNÉRABILITÉ

★★★★★

C'est en regardant sa conférence TED que j'ai découvert Brené Brown qui parlait de la honte. Son intervention m'a marquée, car elle expliquait que, souvent, ce que l'on imagine comme repoussoir chez nous va à l'inverse être ce qui nous lie aux autres. Elle démontrait qu'en avouant ce qui nous fait honte, on ne se met pas les gens à dos, bien au contraire, on montre simplement son humanité et c'est ce qui va nous rendre attachant. Elle développe cette perception dans son livre Le Pouvoir de la vulnérabilité, *qui permet de voir ce que l'on considère comme nos défauts, nos faiblesses sous un tout nouvel angle. « Nous voulons être parfaits, puissants, sûrs de nous. Nous croyons que la distance, la froideur, l'inaccessibilité et la maîtrise contribuent à notre prestige. Que nous serions mésestimés si nous venions à être trop ouverts. Nous adoptons l'anxiété en tant que style de vie, la productivité en tant que valeur essentielle et le perfectionnisme en tant qu'idéal. Et si la vulnérabilité n'était pas une faiblesse, mais au contraire signe de force et de courage ? » Une belle leçon d'ouverture à la chance. Osons nous montrer sous notre vrai jour pour arrêter de gaspiller du temps et des opportunités.*

CHAPITRE 3

LA CHANCE, C'EST MAINTENANT

Impossible de remettre à plus tard, la chance vient si on est vraiment ici et maintenant. Dès que l'on se noie dans les méandres d'un passé compliqué ou dans les possibles d'un futur incertain, on ne peut plus être disponible à la chance.

PRÉSENCE

« La chance, c'est la faculté de s'adapter instantanément à l'imprévu. »
ALFRED CAPUS

À quel point êtes-vous vraiment à ce que vous faites ? Combien de temps par jour passez-vous à penser à autre chose, à rêver pendant qu'on vous parle ? Savez-vous rester ouvert même lorsque vous êtes concentré ?

COMMENT ÇA MARCHE ?

On parle de présence d'esprit, c'est une grande caractéristique du chanceux. Être *aware*, dirait Jean-Claude Van Damme. Attentif, ici et maintenant, pas perdu dans ses pensées ou trop la tête dans les nuages. Plus on est vraiment là, totalement, plus on peut capter la chance : un billet au sol, une information dont on pourra se servir, une demande qu'on comprend, une personne que l'on écoute vraiment, une opportunité à saisir.

Le psychologue américain Richard Wiseman a beaucoup étudié les chanceux. Un de ses tests les plus connus concerne le niveau d'attention, la présence exceptionnelle des chanceux. Il a choisi 400 personnes, autant de chanceux que de malchanceux, et leur a demandé de compter les photos dans un journal. En moyenne, les malchanceux ont mis 2 minutes pour compter les photos, alors que les chanceux ont mis seulement quelques secondes. Pourquoi ? Parce qu'à la deuxième page du journal, il y avait un message : « Arrêtez de compter. Il y a 43 photos dans ce journal. » Le message s'étalait sur une moitié de page en caractères de plus de 5 cm de hauteur. Tout le monde était en mesure de le voir. Si les malchanceux ne l'ont pas vu, c'est qu'ils étaient probablement en mode robot : ils ne faisaient attention qu'aux photos puisque c'est ce qu'ils devaient compter. Tandis que les chanceux restaient ouverts et attentifs aux opportunités. Cette différence d'attitudes explique en partie pourquoi les gens qui se disent malchanceux ratent les occasions et pourquoi les chanceux semblent être sur tous les coups.

QU'EST-CE QUE JE FAIS ?

Pour retrouver une qualité de présence, rien ne vaut la méditation. Ce mot fait peur à certains, d'autres n'en peuvent plus de le voir ressortir à toutes les sauces dans les conseils, mais c'est vrai, méditer aide pour beaucoup de choses : mieux dormir, faire le tri entre ce qui est important et ce qui l'est moins, relativiser, lâcher prise... Pas besoin de se mettre en position du lotus pendant des heures, ni même pendant quelques minutes, il y a autant de façons de méditer que de gens. Le tout est de trouver la vôtre.

LEUR COUP DE CHANCE

Jeanne n'aimait pas parler d'elle, ça a été difficile pour elle de venir me voir, mais elle en avait tellement besoin qu'elle a réussi à braver sa peur de se confier. Nous avons fait plusieurs séances d'hypnose pour qu'elle se reconstruise une belle sécurité intérieure, un pilier pour qu'elle avance sans se préoccuper trop du regard des autres. Sa problématique : elle voulait rencontrer quelqu'un et vivre une belle histoire, mais elle avait l'impression qu'il n'y avait pas du tout d'hommes autour d'elle, enfin si peu. Esthéticienne, elle ne fréquentait que ses collègues de travail et sortait peu, ce qui limitait en effet les possibilités. Au fur et à mesure de notre travail, je l'ai vue se déployer, devenir vraiment elle-même, être de plus en plus fière, ouverte, joyeuse, se lancer des défis.

Un matin, elle est arrivée, radieuse. Elle avait rencontré quelqu'un, et cet homme, qu'elle avait cru snob ou pas intéressé, c'est elle qui l'avait abordé dans le café en bas de chez elle. En vérité, elle m'a expliqué qu'il prenait son café là tous les matins depuis des mois, mais qu'elle ne l'avait jamais remarqué avant. Peut-être simplement parce qu'il ne faisait pas partie de son « champ des possibles ». Comme c'était un inconnu, installé dans un lieu public, sans lien avec son réseau, il n'existait tout simplement pas pour elle.

En s'ouvrant, en travaillant sur sa confiance, sur sa foi en elle, elle a ouvert ce champ des possibles, et cet homme invisible est devenu son défi, oser lui parler, puis son chéri. On ne remarque que ce que l'on croit à notre portée, et vous, quelles œillères portez-vous ?

MA CHANCE

Il m'arrive très souvent de trouver des billets, des pièces, des livres, des places de cinéma, des écharpes, toutes sortes de choses dans la rue. Je ne cherche pas, je ne me dis pas chaque jour en sortant de chez moi que je vais trouver quoi que ce soit, mais j'observe toujours tout autour de moi. J'ai remarqué que les enfants le font naturellement, peut-être parce qu'ils découvrent le monde ; devenus adultes, certains gardent cette habileté à tout remarquer, beaucoup la perdent. Ça m'a donné un talent pour chiner. Je trouve toujours des vêtements incroyables dans les braderies, les brocantes, les ressourceries.

Au milieu d'un tas d'horreurs qui découragerait la plupart des gens, je dégote des trésors sans y passer des heures. Ma plus belle trouvaille : un manteau en fausse fourrure Balmain à 10 euros dans une ressourcerie. En état impeccable, chaud, tendance, dans une couleur qui me va bien, pile à ma taille. Je l'ai tout de suite vu au milieu de la montagne de manteaux proposés.

Quand j'ai besoin de quelque chose, il est très fréquent que je le trouve, je pense que c'est un mélange de sens de l'observation et de présence.

Quelques exemples :

* **On peut méditer en marchant.** Cela s'appelle « la marche en conscience ». On marche doucement en se concentrant sur la sensation dans les pieds : comment le pied se pose-t-il sur le sol ? Un côté est-il plus lourd que l'autre ? Si on peut se mettre pieds nus et le faire dans la nature, c'est génial, car il y aura beaucoup plus de sensations, mais ça marche aussi avec des chaussures fermées dans la rue pour aller au travail.

* **On peut méditer en écoutant une méditation guidée.** Quand on a tendance à partir dans ses pensées, le fait que quelqu'un parle et vous guide dans une « aventure intérieure » permet de se concentrer plus facilement.

* **On peut juste s'allonger et fermer les yeux en se concentrant sur sa respiration.** Dans ce cas, on peut pratiquer « la respiration en carré » : 5 temps d'inspiration, 5 temps où l'on bloque l'air, 5 temps d'expiration, 5 temps où l'on reste à vide, puis on recommence. Cette méthode permet de se concentrer sur le décompte et la respiration, et on évite ainsi de divaguer.

Ce sont juste des exemples, mais il existe bien d'autres façons de méditer. La seule chose importante, c'est de trouver le moyen pour vous de revenir ici et maintenant. Si vraiment rien de tout cela ne vous parle, vous pouvez tenter des petits exercices d'attention sur des gestes très quotidiens : se brosser les dents (sentir chaque mouvement massant de la brosse, le parfum du dentifrice, la sensation de fraîcheur au rinçage…) ou se laver les mains (sentir l'odeur du savon, apprécier la sensation de se frotter les mains l'une contre l'autre, observer la mousse…).

Une autre piste est de sortir du fameux mode « robot ». Pour cela, observez à quelle occasion vous lâchez le contrôle à votre pilote automatique et tentez de gagner du terrain dessus. Si vous pensez ne pas être concerné, je vous propose un exercice que j'aime beaucoup et avec lequel je commence souvent mes conférences :

★ **Prenez un papier et un crayon.**

★ **Vous avez 20 secondes pour dessiner une fleur.** Vite. Dépêchez-vous. Maintenant.

★ **Avez-vous dessiné ceci :** une marguerite avec un rond au centre des pétales autour, une tige ?

Figurez-vous que, même sur des salles de 200 personnes, rares sont celles qui dessinent autre chose. Pourtant, il existe des centaines de fleurs différentes et au moins une dizaine tout aussi facile à dessiner. Alors pourquoi tout le monde fait la même ? Parce que c'est le symbole communément accepté de la fleur. Comme il y a la pression du temps, il faut faire schématique et compréhensible. Donc, au lieu de faire votre fleur préférée ou de tenter de créer une fleur imaginaire, vous faites ce que vous êtes sûr qui sera reconnu comme une fleur. Dans la vie, c'est un peu la même chose, dès qu'on est pressé par le temps, on fait comme tout le monde, on fait ce qui est communément accepté comme « normal ». Alors on ne flâne pas en allant au bureau, on ne regarde pas les nuages, on marche vite. On ne prend pas de chemin de traverse, on ne s'arrête pas, on se concentre sur sa tâche : être à l'heure au bureau/à la sortie de l'école/au cours de Pilates.

Si on s'autorise à sortir de ce mode, certes, on perdra quelques minutes, certes, on sera un peu en retard au bureau/à l'école/au Pilates, et encore pas forcément, en revanche, on verra cette affiche qui annonce une brocante à côté de chez nous, on trouvera ce billet posé sur notre chemin, on saisira les opportunités que la vie nous offre, petites ou grandes.

SPONTANÉITÉ

« Quand on travaille pour plaire aux autres,
on peut ne pas réussir,
mais les choses qu'on a faites
pour se contenter soi-même ont toujours
une chance d'intéresser quelqu'un. »

MARCEL PROUST

Savez-vous vous écouter ? Prendre des décisions rapides ? Préférez-vous peser le pour et le contre pendant des heures ? Quand est-ce que vous avez pris une décision spontanée pour la dernière fois ?

COMMENT ÇA MARCHE ?

Le célèbre entrepreneur Gary Vaynerchuk, qui poste tous les jours des vidéos pour donner des conseils sur YouTube, rappelle souvent qu'on ne peut pas faire de vrais choix éclairés, car nous n'avons pas toutes les données. Il est impossible de tout prévoir, alors autant lancer une pièce et jouer à pile ou face quand vous n'arrivez vraiment pas à choisir entre deux options. Avec les millions qu'il a gagnés en appliquant cette méthode, on peut essayer de lui faire confiance, non ? Si vous écoutez votre instinct, vous réagissez plus vite. Prendre une décision rapidement peut faire peur, mais au final, quand le raisonnement ne nous mène nulle part parce que nous n'avons pas assez d'éléments ou que trop de choses sont ou seront toujours aléatoires, autant le faire.

QU'EST-CE QUE JE FAIS ?

Faites vos choix rapidement, écoutez vos envies, ce qui vous rend joyeux. Il y a forcément une option qui apporte plus de joie que l'autre, c'est ça votre boussole, écoutez votre joie pour choisir, elle ne triche pas et elle sait ce qui est bon pour vous, même si cela peut sembler risqué ou effrayant. Lâchez les listes de pour et de contre, elles peuvent se montrer contre-productives et vous faire perdre des jours et des jours. Quand une décision essentielle doit être prise, écoutez la joie, reconnectez-vous à cette émotion enfantine, pensez à cette balançoire sur laquelle vous passiez des heures, ce toboggan qui vous amusait tant et demandez à cet enfant joyeux en vous de vous indiquer le bon chemin.

Écouter cette joie, voir quel côté de la décision la fait monter ou au contraire la brise, l'étouffe vous permettra de prendre des décisions rapides qui ne seront pas moins bonnes que celles sur lesquelles vous auriez réfléchi pendant des heures. Au contraire, elles seront bien plus authentiques. Si vous avez peur, essayez sur de petites décisions et augmentez peu à peu les risques, vous verrez, la joie ne se trompe jamais.

MINI-ASTUCE « MAGIQUE » : TIRER À PILE OU FACE

*****

Si vous avez du mal à prendre une décision, tirez à pile ou face avec une pièce. Cela paraît simpliste, mais soit vous êtes OK avec le résultat et votre décision est prise sans perte de temps, soit vous ne l'êtes pas et cela vous donne une indication intéressante sur votre réelle envie.

Pile ou face n'est finalement pas une question de chance : statistiquement, l'un et l'autre côté ont autant de chance de sortir, mais un vrai outil pour faire des choix.

LEUR COUP DE CHANCE

Lorsque j'ai suivi Christian dans son orientation professionnelle à la demande de ses parents, il rêvait de devenir réalisateur de clips. Ses parents, on peut le comprendre, étaient très inquiets et souhaitaient l'orienter vers un choix sinon plus conventionnel, au moins plus sûr.

En discutant avec lui, j'ai compris rapidement que ce qui le passionnait, c'était la réalisation : mettre en images une histoire. Il a opté pour une formation de réalisateur dans une école de cinéma reconnue, le sérieux de l'institution et les nombreuses possibilités de stage ont rassuré ses parents. Quand il a terminé son cursus quatre ans plus tard, il m'a recontactée. Il avait un choix décisif à faire et il n'y arrivait pas du tout. D'un côté, il avait reçu une proposition pour aller travailler à Los Angeles sur des clips et des publicités, en gros se rapprocher de son rêve, de l'autre, à Paris, on lui proposait d'être premier assistant d'un réalisateur connu qui pourrait lui offrir une certaine légitimité.

Les deux options étaient formidables, mais elles représentaient des vies complètement différentes, c'est pour ça que le choix était complexe à faire. Il avait déjà fait des listes sans fin de pour et de contre, et ne voyait pas l'ombre d'une solution. Pour l'aider à prendre la meilleure décision possible, je lui ai proposé de visualiser d'abord le premier choix : sa vie aux États-Unis, en parlant anglais au quotidien, le climat, l'océan, l'exigence des studios, l'ego des starlettes, l'absence de filet de sécurité, la nouveauté, l'excitation, l'éloignement de sa famille… Ensuite, de visualiser le second : sa vie parisienne, l'ego d'un réalisateur connu, le métro, les amis, les apéros en terrasse, le terrain connu, l'apprentissage artistique. Et je lui ai demandé de se concentrer sur ses sensations, sans jugement. Juste apprécier et ressentir.

Puis nous avons débriefé : où ressentait-il plus de joie ? Plus de stress ? Il a à peine répondu à mes questions, car il avait sa réponse : la première visualisation le rendait heureux, léger, curieux, et un peu effrayé ; la seconde était angoissante, pesante, déprimante.

La réponse était en lui, il lui a suffi de deux minutes d'ouverture pour accepter de s'écouter. Il est toujours en Californie et n'a jamais regretté sa décision.

OPTIMISME

« Optimiste : personne qui suppose que faire un pas en arrière après avoir fait un pas en avant n'est pas un désastre, mais un cha-cha-cha. »

ROBERT BRAULT

Quelle vision avez-vous de l'avenir ? Osez-vous vous lancer dans de nouveaux projets ? Encouragez-vous vos proches à le faire ?

COMMENT ÇA MARCHE ?

L'optimisme n'est pas la naïveté, ce n'est pas dire que tout est beau et merveilleux dans notre monde, c'est prendre le parti de ce qui est joyeux et aller là où personne n'ose si on en a envie. Faire plus attention à ce qui est positif qu'à ce qui nous plombe. C'est juste un choix de point de vue. Ça ne veut pas dire manquer de réalisme, c'est vouloir une réalité plus joyeuse. Avoir une vision optimiste de l'avenir permet de se lancer dans beaucoup plus d'aventures qui seraient découragées par une vision trop négative ou trop terre à terre. On ose plus facilement commencer un projet si on pense que l'on aura de l'aide, que l'on trouvera des financements, que l'on sera soutenu que si on imagine qu'on va se planter, que personne ne nous tendra la main, bref, si on pense le pire. Être optimiste ne veut pas dire se lancer dans n'importe quelle histoire sans réfléchir, on peut être sûr d'un projet, d'une envie, avoir une vision claire des opportunités et lui donner la meilleure direction possible par la force de sa foi en soi.

Le souci, c'est que, très souvent, si on arrive à croire à son idée, son envie, son projet, on va rencontrer plus de détracteurs que de personnes bienveillantes, c'est là que maintenir sa vision lumineuse sera le plus compliqué. Pourquoi est-ce que les gens ne croient jamais en vos projets ? La raison est assez simple : chacun, à un moment de sa vie, se persuade qu'il ne peut rien faire, qu'il est bloqué, qu'il n'a pas le choix. Si vous avez un projet un peu hors normes ou qui sort de la case dans laquelle on vous a mis, vous remettez en cause tout le système : c'est donc possible, on a donc le choix, on est libre. C'est dur à accepter pour ceux qui se résignent à leur situation sous prétexte qu'ils ne peuvent pas faire autrement. Alors on tentera à tout prix de vous dissuader de vous lancer, car vous risqueriez, si ça marche, de prouver qu'on se ment à soi-même, qu'en réalité d'autres choix sont possibles, cela remettrait trop en cause le système. Si vous y arrivez, c'est fantastique, car vous ouvrez la porte à toutes ces personnes qui seront obligées de changer leur vision de ce qu'elles pensaient être la réalité. Ou bien, pour se protéger, ne pas se remettre en question, elles diront : « Oui, tu l'as fait, mais toi, c'est différent, tu as de la chance. »

MA CHANCE

J'ai décidé, après avoir été refusée en deuxième année aux beaux-arts, de devenir animatrice radio, alors qu'on me disait timide et qu'on me reprochait de ne pas articuler. Personne n'y croyait. J'ai trouvé la radio qui me plaisait, j'ai obtenu le job et j'ai été en direct chaque matin pendant quatre ans. Par des relations ? Non, je venais de m'installer dans une ville où je ne connaissais personne, mes parents non plus. Grâce à des études brillantes ? Non, au départ, j'ai fait un an de beaux-arts, puis j'ai travaillé dans un fast-food. J'ai été formée directement en travaillant à la radio, sur le tas, par la personne qui m'a choisie.

Puis je me suis ennuyée, j'ai décidé de devenir journaliste dans la presse féminine alors qu'on me disait que c'était impossible de passer de la radio à l'écrit et qu'en plus, dans la presse féminine, il fallait connaître du monde, sinon c'était inimaginable. J'ai écrit un article, un test psycho rigolo, comme ceux que j'adorais faire l'été à la plage. Je l'ai envoyé à trois magazines : mon préféré et deux autres qui me semblaient moins ambitieux. Ces deux derniers m'ont dit non très vite. J'étais à deux doigts de donner raison à mes détracteurs quand la rédactrice en chef de mon magazine préféré m'a appelée pour me dire que non seulement elle prenait mon test, mais qu'en plus elle m'en commandait un autre. Ça a duré sept ans.

En plus de mes papiers psycho rigolos, j'avais envie de travailler comme styliste photo dans des magazines de mode. On m'a ri au nez. La rédactrice en chef de la section mode de mon magazine a ignoré mes messages. Les rédactrices en chef des rubriques mode de tous les magazines féminins ont fait de même. Certaines m'ont même dit : « Vous écrivez des papiers psycho et bien-être, continuez, la mode, ce n'est pas pour vous. » Alors j'ai lancé mon blog de mode à une époque où il n'y en avait presque pas, deux ou trois blogs féminins, un ou deux blogs de passionnées pointues, c'était tout. Très vite, j'ai eu des centaines, puis des milliers de lectrices. À l'époque, les marques ne mesuraient pas encore l'impact de l'influence digitale, mais j'ai quand même réussi à vivre de mes papiers mode et de mes photos de look, et à parcourir le monde pour voir et commenter les fashion weeks qui me faisaient tant fantasmer. J'en ai même fait une BD, *Fashion Weak*, parue chez Delcourt, aussi un pari impossible : « Tu n'as jamais écrit de fiction, tu ne sais même pas dessiner. » Eh bien, j'ai trouvé une éditrice qui m'a proposé une dessinatrice, et hop, ma BD est sortie.

Je ne vais pas vous faire tout mon parcours, mais vous avez compris : « C'est impossible » n'a pas de sens, certains domaines semblent inaccessibles, mais quand on y croit, on peut déplacer des montagnes.

LEUR COUP DE CHANCE

La première consultation que j'ai eue avec Lina a été difficile. Son parcours, choisi brutalement pour subvenir aux besoins des siens, l'a amenée à faire un métier qu'elle détestait, secrétaire, et l'a éloignée de tout questionnement pendant de nombreuses années. C'est le diplôme de sa seconde fille qui a déclenché sa remise en question.

Ses deux enfants dans la vie active, elle avait enfin le temps et la possibilité d'envisager autre chose. Après plusieurs séances, nous avons trouvé qu'elle avait un fort intérêt pour le corps humain et son fonctionnement, qu'elle avait envie d'être actrice de la santé naturelle, qu'elle était motivée et engagée dans ce sens, et qu'elle était aussi très sensible aux émotions, à leur impact sur la santé, au lien entre les maladies et les non-dits.

En explorant les possibilités, nous avons retenu pour elle l'idée d'une reconversion en microkiné, un métier qui mêle la santé et la mémoire du corps, un métier pour elle. Quand elle s'est renseignée sur la formation et en a parlé un peu à ses proches, elle est revenue découragée. À 42 ans, la reconversion semblait impossible : trois ans de formation de kinésithérapeute, puis deux ans de spécialisation en microkiné.

Nous avons fait le point, elle a confirmé son envie, voire son besoin d'aller dans cette direction, et elle l'a fait. Aujourd'hui en première année de spécialisation de microkiné, elle est passée par des moments difficiles, notamment en première année de kinésithérapie, entourée de jeunes de 20 ans en moyenne, mais elle sait qu'elle a pris la bonne direction, dans deux ans, elle n'aura que 47 ans et elle fera le métier qui lui va parce qu'elle a osé braver l'impossible en croyant profondément en elle et en son projet.

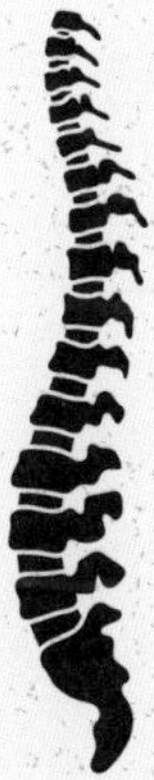

QU'EST-CE QUE JE FAIS ?

L'optimisme est directement lié à la confiance en soi. Booster sa confiance en soi est la meilleure piste pour progresser. Quelques idées pour l'améliorer :

★ **Lancez-vous des petits défis mesurables chaque jour,** puis appréciez vos succès.

★ **Faites chaque soir la liste de vos fiertés du jour,** au moins trois.

★ **Commencez quelque chose de nouveau.**

★ **Apprenez de nouvelles compétences,** petites ou grandes.

★ **Travaillez votre respiration,** notamment en ouvrant le diaphragme, comme les chanteurs.

En parallèle, essayez le plus souvent possible de concrétiser vos désirs. Même si, en théorie, vos chances d'y arriver sont minces, ne vous laissez pas décourager par les statistiques qui semblent jouer contre vous ni par un entourage qui manque d'enthousiasme. Dites-vous que tout est possible et, après l'avoir expérimenté à plusieurs reprises, vous verrez qu'au final on peut presque tout faire, il suffit de le vouloir très fort et surtout d'y croire.

CHAPITRE 4

TENTER SA CHANCE

La sagesse populaire dit : « Qui ne tente rien n'a rien », si vous n'essayez pas, vous n'aurez aucune chance d'y arriver. Il s'agit non seulement d'agir, mais aussi d'oser affronter ses démons, ses peurs, ses limites. Les chanceux sont des personnes libres qui ne s'enferment pas dans un système.

SORTIR DE SA ZONE DE CONFORT

« Impose ta chance, serre ton bonheur et va vers ton risque. À te regarder, ils s'habitueront. »
RENÉ CHAR

Aimez-vous les habitudes ? Avez-vous besoin de vous rassurer en ayant des repères, des rituels ? À quel point êtes-vous esclave de votre cocon ? Quand en sortez-vous ? Comment le vivez-vous lorsque vous vous en extrayez ?

COMMENT ÇA MARCHE ?

La « zone de confort », c'est tout ce que l'on connaît, des situations où l'on se sent à l'aise, même si elles peuvent être désagréables. Par exemple, votre canapé est une zone de confort, mais votre patron qui vous crie dessus aussi, ainsi que les embouteillages ou encore votre trajet dans un métro bondé, la file d'attente au supermarché... C'est confortable parce que vous connaissez ça par cœur, vous savez ce qui va se passer, vous savez comment faire, ça roule. Vous n'avez pas à vous poser de questions, vous faites juste ce que vous savez. C'est là que la plupart des gens passent le plus clair de leur existence, enfin pas les chanceux.

Au-delà de cette zone de confort, quand on accepte d'en sortir ou bien qu'on doit le faire par obligation, il y a la « zone d'apprentissage ». C'est un endroit plein de nouvelles expériences, de nouvelles connaissances. Par exemple, le voyage est une zone d'apprentissage : on apprend une nouvelle langue, à respecter des coutumes ou habitudes qu'on ne connaît pas, on découvre des lieux et des situations qu'on ne maîtrise pas. C'est inconfortable, mais souvent, ce sont des expériences joyeuses, même si elles peuvent faire peur. Une fois le voyage effectué, votre zone de confort s'élargit : si vous retournez dans un endroit que vous avez déjà visité, il fera partie de votre zone de confort. Vous gagnez donc en liberté en osant sortir de votre zone de confort. Les chanceux vont souvent dans la zone d'apprentissage, car ils adorent découvrir et apprendre de nouvelles compétences.

Ensuite, il y a ce qu'on appelle la « zone de panique ». C'est un terrain totalement inconnu et très éloigné de votre zone de confort. C'est cet endroit où tout le monde vous dit : « Mais non, tu ne vas pas faire ça ! C'est trop risqué ! Tu ne peux pas faire ça ! Tu vas tout perdre. » En réalité, c'est une zone de miracles, car quand on dépasse sa peur, qu'on met tout en œuvre pour être à la hauteur du challenge, c'est là que la vie devient magique, que vous lâchez votre ancienne carapace, ce que vous pensiez être, pour devenir ce que vous êtes, ce à quoi vous aspirez. C'est la zone favorite des chanceux, car ils savent que c'est là que l'on obtient tout ce que l'on souhaite à une vitesse folle.

Dépasser vos peurs, accepter de ne pas être esclave de votre tension émotionnelle, ce stress qui vous empêche d'oser, pour bénéficier de votre tension créative, cette liberté que vous vous donnez et qui vous permet de créer, c'est le secret des chanceux qui créent tout le temps des miracles dans leur vie.

Plus vous arriverez à passer la barrière de la peur, plus vous augmenterez votre confiance en vous et vos capacités à créer la vie que vous voulez. Ce n'est pas un mince défi, mais beaucoup arrivent à le relever, pourquoi pas vous ?

QU'EST-CE QUE JE FAIS ?

La clé pour ouvrir les possibles est de se débarrasser des croyances bloquantes comme « passer de tel à tel métier, c'est impossible », « à tel âge, on ne peut plus faire ci ou ça », « reprendre les études, c'est trop tard »...

Pour commencer, identifiez vos croyances, ces petites phrases que vous vous dites pour vous empêcher d'avancer. Notez-les toutes. Puis prenez-les une par une et demandez-vous : est-ce toujours vrai ? Généralement, il y a des exceptions. Par exemple, pour « on ne peut pas devenir comédienne après 30 ans », il est facile de trouver de nombreux contre-exemples. Alors on peut remplacer cette phrase par une autre plus juste, comme « il arrive que des comédiennes soient découvertes après 30 ans », tout de suite, ça paralyse moins, non ? Procédez de même avec chacune de vos croyances.

En parallèle, tentez de braver vos petites peurs. Listez ce qui vous fait rêver, ce que vous n'osez pas faire, ce que vous aimeriez faire, mais qui pourrait vous mettre en danger d'une manière ou d'une autre. Essayez de trouver au moins une dizaine de rêves. Puis prenez les un à un et décidez d'une date pour les réaliser. Donnez-vous le temps nécessaire, mais pas trop, chacun de vos dix rêves doit être réalisé dans l'année. Si cela ne vous semble pas réaliste, choisissez un petit pas à faire pour avancer sur le chemin de ce rêve. Par exemple, si vous aimeriez aller passer un an au Japon, le premier pas pourrait être d'aller vous renseigner dans une agence de voyages, regarder sur le Net ce qui est possible en matière d'hébergement, repérer les réseaux d'entraide efficaces sur place, les tarifs, définir un budget. Bref, avancer même si cela ne peut se concrétiser tout de suite. Parfois, juste en faisant ces quelques petits pas, on se rend compte que ce n'est pas si compliqué, si cher, si difficile que ce que l'on imaginait.

MA CHANCE

En plein burn-out, dégoûtée du monde de la mode où je me bats pour me faire une place depuis des années, épuisée et sans aucune idée de reconversion, j'accepte l'invitation de mon petit ami qui me propose de l'accompagner plusieurs mois en Inde pour faire le tour du pays à moto.

Tout mon entourage s'y oppose fermement à coup de « Tu es folle », « Qu'est-ce que tu vas aller faire là-bas ? », « Tu ne peux pas partir si loin avec un quasi inconnu et un moyen de transport aussi dangereux. » Bref, le grand enthousiasme. Étrangement, je pense que c'est en partie ces réflexions extrêmes qui m'ont donné l'impulsion d'accepter.

Je n'ai jamais voyagé en Asie, je n'ai été qu'aux États-Unis et en Europe, toujours dans des conditions assez confortables, là, il s'agissait de traverser le pays à moto. Je ne connaissais pas mon petit ami depuis très longtemps et je n'avais jamais voyagé en couple. Bref, je sortais de ma zone de confort de tous les côtés à la fois. Ça faisait beaucoup, mais je me disais qu'après tout, il me fallait bien ça pour sortir de mon impasse !

Et j'ai eu raison d'oser, car le périple a été épique, parfois compliqué, parfois extraordinaire, toujours surprenant, mais surtout, au final, j'ai gagné une liberté énorme. J'ai découvert une culture, une esthétique, une idée de la vie complètement différente. J'ai suivi des stages, rencontré des gourous, découvert plein de pratiques autour du bien-être. J'ai écrit, réfléchi sur ma vie, mes envies, mes talents, mes idées et trouvé ma voie. Quant à mon inconnu, on a appris à se connaître et à s'aimer en mode accéléré et extrême, au point qu'en rentrant, nous nous sommes mariés. Je suis donc passée, en moins d'un an, de célibataire en burn-out à jeune mariée pleine d'espoir et coache de vie passionnée.

Mon chemin est un peu démesuré, mais il illustre bien que plus on s'éloigne de sa zone de confort, plus les choses bougent.

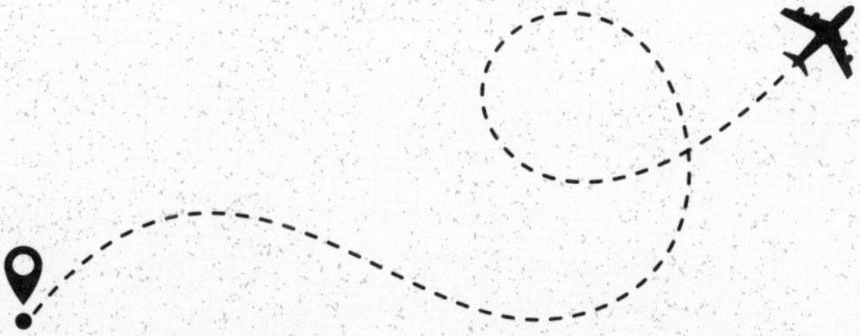

LEUR COUP DE CHANCE

Ma toute première cliente, je l'ai rencontrée en Inde justement. Amanda, une Australienne qui était partie pour se trouver elle aussi. Quand j'ai terminé ma formation, le coach avec qui j'ai travaillé m'a donné pour mission de trouver une première cliente. Sur le coup, ça m'a semblé impossible : faire un coaching en anglais à une personne qu'il fallait que je trouve alors que je suis plutôt timide !

J'ai mis une annonce pour proposer une séance d'introspection et de coaching à un tarif attractif. Dans la journée, Amanda m'a contactée. Elle venait d'arriver d'Australie et était tombée sur mon annonce lors de son premier petit-déjeuner au café local. Mon tarif correspondait pile à ce qu'elle avait sur elle en liquide, elle s'est dit que c'était un signe. Elle n'avait jamais voyagé ni jamais vu de coach. Elle voulait trouver son orientation professionnelle après des études de communication qui l'avaient menée à un premier job très décevant.

En cherchant du côté de ses métiers fantasmés, nous sommes tombées sur comédienne. Son rêve non assumé. Quand je lui ai demandé pourquoi elle ne l'envisageait pas comme une reconversion possible, elle m'a répondu qu'elle n'avait jamais pris le moindre cours de théâtre et qu'elle était trop vieille pour commencer quelque chose. Son physique laissant penser qu'elle avait la vingtaine, je m'en étonnai et lui demandai son âge : 26 ans. Elle s'était donc mis en tête qu'à 26 ans il était trop tard pour essayer de vivre son rêve. Je lui ai parlé de ces actrices françaises découvertes à 40, 50, voire 70 ans pour certaines.

Je lui ai conseillé un livre sur les *late bloomers*, toutes ces personnes qui se sont révélées tardivement. Elle a compris que, la seule chose qui la bloquait, c'était la peur. À la fin de la séance, nous avons fait un pacte : elle devait s'inscrire à un cours de théâtre dans la journée et suivre les cours au moins une année pour tester.

En réalité, elle a trouvé une formation extraordinaire qui commençait la semaine suivante à plein temps en vivant sur place dans une communauté. Elle qui avait toujours vécu seule a été transformée par cette expérience. La formation, qui se basait beaucoup sur l'émotionnel, l'a non seulement aidée à devenir une excellente comédienne, mais l'a aussi libérée de nombreux blocages personnels. Elle m'a écrit il y a trois ans pour me dire qu'elle était rentrée chez elle et qu'elle avait réussi à se faire une place dans le monde du spectacle vivant.

CHANCE CINÉMATOGRAPHIQUE

★★★★★

Dans Mange, prie, aime, *le film de Ryan Murphy avec Julia Roberts, inspiré du livre d'Elizabeth Gilbert, l'héroïne est enfermée dans une vie qui ne lui correspond plus. Son divorce va la mettre face à son vide existentiel. Elle décide de dépasser une grande peur : partir et voyager seule. Ses trois étapes, l'Italie, l'Inde et Bali, lui permettront d'affronter des démons différents et de se rapprocher de plus en plus de qui elle est réellement, sans les masques du quotidien. Grâce à ce périple initiatique, elle va finalement se rencontrer, puis rencontrer l'amour, quelle chance !*

AFFRONTER SES PEURS

« Le succès fut toujours un enfant de l'audace. »
CRÉBILLON

Qu'est-ce qui vous fait peur ? Vraiment très peur ? Avez-vous déjà dépassé certaines de vos peurs ? Comment avez-vous fait ? Qu'est-ce que cela vous a apporté ?

COMMENT ÇA MARCHE ?

Le pire ennemi de la chance, c'est la peur. Quand on a peur, on bloque, on refuse d'avancer. Quand on va mal, on a tendance à avoir peur de tout, quand on est bien dans ses baskets, tout semble possible. Souvent, la peur cache un besoin profond que l'on ne peut exprimer directement. Quand, par exemple, on a peur de parler en public, c'est que l'on a besoin de reconnaissance. On en a tellement besoin que l'on se l'interdit, car si cela ne fonctionnait pas, cela serait très destructeur. Quand on a peur de l'inconnu, c'est que l'on a besoin de découvertes et de nouveauté. La peur, en réalité, est une excellente boussole, c'est le meilleur moyen de savoir où vous devez aller. *Va vers ta peur*, dit le titre de mon précédent livre qui parle de mon voyage en Inde et de toutes les peurs que j'ai appris à dépasser et tout ce que ça m'a apporté de magique. Regarder en face ce qui nous angoisse permet non seulement de le dédramatiser, ce n'est pas si terrible que ce que j'imaginais se dit-on souvent, mais aussi de renouer avec quelque chose qui nous manquait : confiance en soi, assurance, sécurité intérieure... Jouer avec ses peurs et se défier, c'est s'assurer de mettre toutes les chances de son côté.

QU'EST-CE QUE JE FAIS ?

Vous pouvez, en identifiant vos peurs, trouver un chemin intéressant à parcourir. Commencez par lister ce qui vous fait le plus peur : tout perdre ? Quoi exactement ? La mort ? L'inconnu ? Le manque ? De quoi précisément ? Une fois que vous avez la liste la plus précise possible, cherchez la pire de ces peurs. Celle dont vous avez le sentiment qu'elle vous bloque, qu'elle vous empêche d'avancer. Puis trouvez un moyen de la braver. Vous avez peur de parler en public ? Organisez une mini-conférence sur un sujet qui vous touche avec votre cercle d'amis. Vous avez peur d'être seul ? Partez un week-end en solo. Vous avez peur d'être déconnecté ? Passez 48 heures sans écran, sans téléphone et sans voir personne. Petit à petit, apprivoisez vos peurs et faites-en des alliées, elles vous montreront la direction à suivre, il n'y a plus qu'à prendre votre courage à deux mains. Plus vous allez affronter vos petites peurs, plus vous allez renforcer votre sécurité intérieure. Quand cette sécurité intérieure est très puissante, elle vous permet de vous surpasser. Lancez le cercle vertueux et vous aurez la chance de transformer votre vie.

MINI-ASTUCE « MAGIQUE » : JOUER

*****

Quand vous avez un peu de temps devant vous, essayez cet exercice amusant : partez vous promener et laissez tout l'itinéraire se faire au hasard. À chaque croisement, tirez à pile ou face pour décider si vous allez à gauche ou à droite. Vous pouvez aussi continuer tout droit, tout au plus pendant trois croisements. Jouez vraiment le jeu en vous donnant un temps précis : 15 minutes, 20 minutes, 1 heure, selon le temps dont vous disposez. N'oubliez pas le retour que vous pourrez faire « normalement ». Amusez-vous, cela apportera de la légèreté et du lâcher-prise dans votre vie, deux outils indispensables au parfait chanceux.

MA CHANCE

Une de mes plus grandes peurs était de parler en public. Pourtant, beaucoup de coachs dans mon entourage me conseillaient, pour me faire connaître, de donner des conférences. Des conférences ? Moi qui n'ose même pas parler autour d'une table dès qu'il y a plus de trois personnes !

Pourtant, je sentais bien que je stagnais et qu'il me fallait de nouveau sortir de ma zone de confort pour avancer. Alors j'ai décidé de trouver un lieu où je pourrais faire une conférence devant un public raisonnable, pas 300 personnes, et conforme à mes valeurs. C'est là que j'ai découvert un petit institut qui proposait des cours pour les particuliers, des cours qu'on devrait enseigner à l'école, mais qui ne le sont pas : booster sa créativité, améliorer sa confiance en soi, trouver son style… J'ai adoré le principe.

J'ai réfléchi à ce que je pourrais enseigner et j'ai tout de suite pensé à la chance. Il n'y a pas de cours de chance à l'école, c'est bien dommage, et ce lieu n'en proposait pas encore. Alors j'ai contacté la personne qui s'occupait de la programmation des cours. Je lui ai proposé mon cours sur la chance.

Ayant commencé mes recherches sur le sujet et étant un exemple vivant de mon propos, j'ai pensé que cela pourrait marcher. À ma grande surprise, elle a tout de suite accepté. Elle m'a donné des dates pour mes premiers cours. Je les ai préparés avec soin et je me suis lancée. Le jour même, je n'en menais pas large, mais j'ai réussi à vaincre ma peur, à donner un cours de deux heures trente avec succès. J'étais tellement fière, tout m'a paru de nouveau possible, comme si dépasser cette peur rendait toutes les autres pas indépassables aussi. Ce cours a été un succès, salle comble à chaque fois, et a fait couler pas mal d'encre puisque plusieurs magazines en ont parlé. Il y a même eu un reportage à la télévision.

Bref, j'ai atteint mon but et plus encore puisque, même aujourd'hui, je bénéficie encore de cette vague que j'avais lancée en écrivant ce livre.

LEUR COUP DE CHANCE

Quand j'ai suivi Raza, elle était en pleine dépression, mais n'arrivait à rien changer dans sa vie. Elle avait trop peur de quitter son confort parisien, son job, sa vie sociale, cette façade qu'elle avait construite et qui, sur le papier, était parfaite. En cherchant du côté de ses rêves et de ses envies, la seule chose que nous avons trouvée, c'est une grande envie de voyage, de mouvement, de vivre ailleurs. Rien d'autre ne la faisait vibrer.

Alors nous avons tenté d'imaginer un but pour l'année à venir. Elle a décidé d'apprendre à parler anglais, elle avait honte de ne pas maîtriser cette langue et ça la bloquait sur plusieurs points. Je lui ai demandé pourquoi elle ne l'avait pas fait jusqu'à présent et elle m'a dit qu'elle aimerait apprendre en immersion et qu'elle a toujours eu peur de partir seule et de lâcher ce qu'elle avait construit, mais maintenant, elle sentait que c'était le moment de faire bouger les choses. Alors nous avons planifié son départ à Londres.

Raza a lâché son job dans une banque, certes bien payé et prestigieux, mais pas du tout pour elle. Elle a lâché son joli appartement trop cher. Elle a vendu et donné presque toutes ses affaires et elle est partie. Elle a trouvé un job dans un café où elle passait le plus clair de son temps à nettoyer les toilettes et vider les poubelles. Elle m'écrivait souvent en panique, pensant qu'elle avait fait l'erreur de sa vie, puis en parlant un peu, elle arrivait à se recentrer et me disait alors qu'en réalité, elle sentait qu'elle était sur la bonne voie. Après quatre mois, son anglais s'était tellement amélioré qu'elle avait trouvé un job d'hôtesse dans un restaurant. Elle a eu l'occasion de parler chaque jour à des centaines de personnes, créer des liens avec ses collègues, élargir son cercle jusqu'à tomber sur un chasseur de têtes qui l'a recrutée pour aider les immigrés à s'adapter. Ayant vécu l'expérience de l'intégration et avec son passé dans la banque, c'était le job parfait pour elle.

Sans avoir cherché, ni démarché, ni même imaginé, juste en trouvant le courage de dire non à cette vie qui ne lui convenait plus, elle a trouvé sa voie et n'est plus revenue à Paris.

AIMER LES ACCIDENTS

« Quand tout semble être contre vous, souvenez-vous que l'avion décolle face au vent, et non avec lui. »

HENRY FORD

Comment réagissez-vous quand il vous arrive quelque chose d'imprévu ? Quand une contrariété vient déjouer vos plans ? Que mettez-vous en place ? Savez-vous trouver des solutions, contourner les problèmes ? Faire des accidents vos meilleurs alliés ?

COMMENT ÇA MARCHE ?

Un accident permet d'innover. Quand il nous arrive quelque chose d'inattendu, on doit s'adapter, inventer des solutions. C'est toujours quand on a un souci que l'on devient plus créatif, que l'on découvre des talents ou des dons qu'on ne soupçonnait pas. Provoquer des accidents n'est pas forcément une méthode, surtout dans le cadre du travail, où cela peut vite s'avérer compliqué, mais en tout cas, prendre les accidents, les oublis, les soucis de dernière minute pour des alliés plutôt que pour des ennemis est une façon de voir de chanceux. Il y a ceux qui renoncent : oh non, il pleut, pas de chance, on ne va pas pouvoir aller se promener, et ceux qui s'adaptent : et si on mettait ciré et bottes, et qu'on allait sauter dans les flaques ? De quel camp avez-vous envie de faire partie ?

Rien ne se passe jamais exactement comme prévu. Quand vous invitez des amis à dîner, il peut y avoir un plat qui brûle, un des convives en retard ou absent, une révélation à table qui met tout le monde mal à l'aise. Même la plus confortable des situations n'est jamais certaine et on ne contrôle pas tout, contrairement à ce que le monde dans lequel nous vivons pourrait nous faire croire : assurance en cas d'accident, agenda bien rempli, habitude quotidienne. Chaque jour offre son lot de contrariétés, chamboulements plus ou moins importants, le tout est d'apprendre à jouer avec.

QU'EST-CE QUE JE FAIS ?

Il s'agit de prendre des risques. Ne pas vérifier dix fois les choses, s'autoriser un peu de légèreté. L'idée n'est pas forcément de générer un véritable accident, mais juste un léger détour, se mettre soi-même des embûches ou au moins savoir utiliser celles qui vous tombent dessus pour en faire des atouts.

Qu'est-ce que vous assurez trop et qui pourrait mériter un peu de lest ? Oseriez-vous accepter un peu de risque dans un domaine de votre vie ? Lequel ?

Quand une contrariété se présente, tout de suite, ouvrez-vous au maximum pour trouver ce qui pourrait vous être bénéfique, vous permettre d'obtenir un résultat encore meilleur. Cessez de voir chaque détour comme un problème, ayez un peu plus confiance en la vie et acceptez de prendre des chemins de traverse.

LEUR COUP DE CHANCE

Amélie, quand elle est venue me voir pour la première fois, était photographe et directrice artistique pour une grande marque. Elle songeait à une reconversion, mais elle était perdue, car elle aimait beaucoup son travail. Elle trouvait juste qu'il manquait de piment, de créativité, ce qui est un comble puisqu'elle était censée donner l'impulsion de la créativité dans l'entreprise.

Nous avons réfléchi aux différences qu'il y avait entre l'époque où elle prenait librement des photos et les exposait, période à laquelle elle faisait référence comme étant plus créative, et son poste actuel. Hormis bien sûr la régularité du travail et les exigences des codes d'une marque, elle a trouvé un point majeur : elle est passée de l'argentique au numérique. Sa frustration ne venait pas du cadre, contrairement à ce qu'elle imaginait, mais de l'absence de risque. La pellicule peut être abîmée, elle peut se bloquer, elle peut sortir d'une façon différente, le résultat est assez aléatoire au final.

Tandis qu'avec le numérique, tout est tellement sûr ! C'est grâce à des accidents, des problèmes de pellicule qu'elle a, selon elle, réussi ses meilleures photos et ses meilleurs films. Elle a donc décidé de se remettre à l'argentique et de jouer de nouveau avec l'imprévu.

Elle avait très peur que ça ne passe pas au niveau de sa direction et était très stressée sur ses premiers shootings, car les budgets étaient tels qu'il n'aurait pas été possible de recommencer en cas de gros souci.

En réalité, non seulement son travail est devenu beaucoup plus intéressant, mais en plus, elle a dirigé quelques campagnes qui ont été très remarquées et qui lui ont fait un nom dans le métier.

MA CHANCE

Quand je travaillais encore comme photographe dans le milieu de la mode, j'avais régulièrement des demandes de *lookbooks*, mini-catalogues des looks de la saison pour une marque. C'est un travail qui n'est pas toujours fascinant, car plein de contraintes techniques : il faut très bien voir le vêtement, il faut respecter les codes de la marque, il faut entrer dans un certain cadre, bref, ce n'est pas un job très amusant, mais il faut quand même être créatif et proposer des photos artistiques et originales. Je le faisais assez bien, mais les meilleurs résultats que j'ai obtenus, c'était toujours sur les shootings où il y avait eu un souci : la mannequin qui ne vient pas et qu'il faut remplacer à la dernière seconde, le studio qui a mal compris la date de location et qui n'est pas libre, l'appartement loué pour l'occasion qui s'avère beaucoup moins spacieux que prévu ou qui a beaucoup changé depuis les photos vues en ligne, le spot qui ne s'allume plus, le réflecteur oublié…

Chacun de ces soucis m'a permis de sortir du cadre : prendre une fille débutante ou pas vraiment mannequin que je n'aurais jamais choisie pour ça, shooter dans la rue sous la pluie, créer des colonnes de livres pour cacher un mur un peu sale, louer un camion itinérant pour faire des photos partout dans Paris… Chaque fois que j'ai eu ce type de « contrariété » sur un shooting, j'ai dû me montrer hyper créative et j'ai obtenu des résultats bien plus intéressants que sur mes shootings où tout roulait.

CHAPITRE 5

LA CHANCE, C'EST ÊTRE À L'ÉCOUTE

« Il n'y a pas de coïncidences,
notre esprit trouve seulement les signes
qui lui sont destinés.
Plus on prête attention aux coïncidences,
plus elles se produisent. »

ALBERT EINSTEIN

Vous intéressez-vous aux signes ? Cherchez-vous des réponses dans les événements de la vie de tous les jours ? Comment interprétez-vous les ouvertures ou les contrariétés en lien avec vos souhaits ?

DÉVELOPPER SON INTUITION

« Ayez le courage de suivre votre cœur
et votre intuition.
L'un et l'autre savent ce que
vous voulez réellement devenir.
Tout le reste est secondaire. »

STEVE JOBS

Les plus grands entrepreneurs de notre époque disent tous suivre leur intuition pour prendre leurs décisions. Encore faut-il savoir distinguer son bourreau intérieur de sa petite voix et décoder les sensations qui disent oui ou non.

COMMENT ÇA MARCHE ?

L'intuition ne permet pas que d'éviter les catastrophes, on peut prendre une bonne décision, choisir le bon cheval aux courses, opter pour le bon job, même si, sur le papier, une autre proposition a l'air meilleure. L'intuition permet de sentir les gens, les situations, de capter des informations non dites ou cachées. Les plus pragmatiques la ramènent à l'inconscient qui saisit plus d'informations que nous, les plus spirituels diront que nous sommes protégés et guidés par des anges, des guides, des animaux totems selon les croyances.

L'HOMME QUI ÉVITAIT LES CATASTROPHES

★★★★★

John Woods a eu un destin assez incroyable. Il a échappé à de nombreuses catastrophes juste en écoutant son instinct. Dans un article du Telegraph, *on peut lire, quelques jours après la chute des Twin Towers, un article sur cet homme dont l'intuition lui a sauvé la vie ce jour-là, mais aussi à plusieurs reprises auparavant. En effet, le jour de l'attaque des tours jumelles, le 11 septembre 2001, John Woods quitte son bureau quelques minutes avant le choc du premier avion. Il dit avoir senti qu'il fallait vite s'en aller de là. Il raconte qu'en 1988, il annule à la dernière minute, sur un coup de tête, son voyage en Écosse. L'avion de la Pan Am qu'il devait prendre se désintègre au-dessus de Lockerbie, en Écosse. En 1993, il est pris dans un attentat à la bombe au World Trade Center, mais court se réfugier sans vraiment savoir pourquoi et n'est pas blessé.*
John Woods n'est pas devenu pour autant un gourou de la chance, il est resté un homme d'affaires somme toute assez banal. Il a juste une capacité étonnante à éviter les catastrophes, ce à quoi il répond simplement qu'à chaque fois, il s'est contenté de suivre ce qui se présentait : l'envie de rester un soir de plus pour aller à une fête, la sensation de ne pas être au bon endroit...

Quoi qu'il en soit, apprendre à écouter cette boussole intérieure est essentiel pour développer sa chance.

La méditation, la pleine conscience aident à cette écoute. Selon le coach Max Piccinini, qui donne des cours de business et apprend à des milliers de personnes comment faire fortune, 95 % des milliardaires pratiquent la méditation. En particulier avant de prendre une décision importante. Les plus grands dirigeants aussi. La méditation permet de faire le vide et de lâcher la réflexion pour laisser s'exprimer autre chose.

Vous pensez que ce n'est pas accessible pour vous ? Trop perché ? Si vous tentiez le coloriage de mandalas qui est la méditation des Indiennes ? Elles en dessinent un grand sur le pas de la porte de leur maison chaque jour à la craie, puis elles le mettent en couleur. Ou bien chaque soir, observez pendant quelques minutes le coucher du soleil en savourant un carré de chocolat que vous laissez fondre dans votre bouche. Trouvez votre petit moment quotidien de joie et de concentration, celui qui vous convient peut tout à fait faire office de méditation, le tout est de passer au moins cinq minutes concentré sur une tâche ou une observation (de soi, de la nature, de quelque chose) chaque jour.

La méditation permet de se libérer du système de pensée habituel et de percevoir plus de choses, et donc bien sûr d'accroître son intuition de manière spectaculaire.

CHANCE HISTORIQUE

★★★★★

Avant de les promouvoir, Napoléon demandait à ses généraux s'ils avaient de la chance. Il refusait systématiquement les malchanceux. Il ne s'agissait pas seulement d'une sélection d'officiers dotés d'un bon destin, Napoléon cherchait à savoir si ces derniers seraient capables de s'adapter, de saisir les opportunités, de trouver des solutions, de suivre leur intuition pour assurer la victoire de l'armée impériale.

Pour chacune des batailles qu'il a menées, il avait une connaissance parfaite de la topographie, avait analysé tous les mouvements ennemis et avait lu les ouvrages des plus grands stratèges, mais c'était son intuition qui faisait la différence et qui faisait de lui un chef de guerre redoutable.

Jean Tulard, dans son livre sur Napoléon, souligne sa capacité étonnante à suivre son intuition. C'est sans conteste parce qu'il en était doté que Napoléon a élevé la chance et l'intuition au rang de compétences dans son processus de recrutement : même en matière de ressources humaines, il était avant-gardiste.

QU'EST-CE QUE JE FAIS ?

Pour commencer, le mieux est de tester votre intuition et de sentir quand elle est fiable, et de bien faire la différence avec votre bourreau intérieur qui peut être un vrai gendarme et vous empêcher de prendre le moindre risque ou la moindre once de liberté. Petit à petit, prenez des décisions peu importantes : aller ou pas à une soirée, prendre un risotto ou des pâtes au restaurant italien... à l'instinct, sans réfléchir, puis essayez de prendre des décisions de plus en plus importantes.

Pensez à une bonne décision que vous avez prise récemment : quels ont été vos critères objectifs ? Quelle a été la part laissée au hasard, au feeling ? Pensez aussi aux meilleures décisions de votre vie que vous avez prises, comment les avez-vous prises ?

MA CHANCE

Lors de mon deuxième voyage en Inde, j'allais assez mal. Après un burn-out, je me reconstruisais sans trop savoir où j'allais. J'avais la chance d'avoir un peu de quoi voir venir et de pouvoir suivre mes désirs. Arrivée à Auroville où j'avais envie de m'établir pour quelque temps, je ne savais pas quoi faire de mes journées. Alors j'étais très à l'écoute de la moindre idée qui me venait. Un matin, je me suis réveillée en me disant qu'il fallait que j'apprenne l'italien. Je suis allée prendre un café dans un petit boui-boui au coin de la rue et là, sur le mur, plein de petites annonces. Je regarde, pas de cours d'italien. Une offre attire mon attention pourtant, il s'agit de cours de massage dans l'eau. Avec la chaleur qu'il fait, l'idée de passer la journée entière dans l'eau me séduit. Je me rends au bureau des inscriptions, l'accueil et les détails sur les cours confirment mon intérêt, je m'inscris. Après quoi, je découvre que le professeur est italien, et la première personne avec qui je discute dans le cours, qui deviendra une très bonne amie, est aussi italienne. Voilà comment, en écoutant mon intuition, je me suis mis à suivre un cours et à lier des liens avec des personnes que je n'aurais jamais rencontrées autrement. C'est grâce à cette pratique de massages dans l'eau que j'ai su que je voulais être thérapeute. Un moment charnière de ma reconversion.

LEUR COUP DE CHANCE

Claire est venue me voir l'année dernière, car elle avait une décision très difficile à prendre. Jeune diplômée en communication, elle avait postulé à différentes annonces et deux entreprises avaient retenu son profil après plusieurs entretiens. Elle m'a expliqué les deux jobs, dit ce qu'elle savait des deux sociétés, et sur le papier, il semblait évident que la première, appelons-la Super, était une meilleure option : salaire plus attrayant, avantages, poste plus « prestigieux », univers plus attirant. Pourtant, Claire avait une envie inexplicable d'aller plutôt travailler pour la seconde, appelons-la Bof, malgré les inconvénients évidents. La liste des avantages et des inconvénients allait complètement dans le sens de Super, mais rien à faire, Claire était attirée par Bof. Tout son entourage la poussait à aller chez Super et elle n'arrivait pas à prendre une décision, elle était perdue.

Nous avons fait une séance de relaxation profonde pendant laquelle elle a contacté la partie d'elle qui sait tout et elle est revenue du voyage encore plus confuse : la réponse en elle était d'aller chez Bof. Je lui ai demandé quand avait-elle suivi son intuition pour la dernière fois et comment cela s'était passé. Elle s'est souvenue d'une excellente décision qu'elle avait prise au sujet de l'école de sa fille. Et d'un jour où elle n'avait pas envie d'aller à un pique-nique et où il s'était mis à pleuvoir, et de plein de petites décisions prises en s'écoutant qui lui avaient toujours été bénéfiques. Elle est repartie confiante dans son choix et a opté pour Bof.

Lors de la séance suivante, un mois après son embauche, elle m'a raconté qu'elle s'entendait à merveille avec ses collègues, que ses journées passaient à la vitesse de l'éclair et qu'elle avait plus de responsabilités que ce qui était prévu au départ grâce à sa réactivité et son indépendance.

Quelques mois plus tard, elle a su par une collègue en lien avec quelqu'un qui travaillait chez Super que la personne qui avait été embauchée à sa place avait été harcelée et était en dépression. Nous n'avons pas toutes les informations, notre inconscient en a beaucoup plus, car il connaît tout ce que nous avons oublié et il capte l'inconscient des autres. Se faire confiance, c'est s'assurer de faire de meilleurs choix.

CROIRE EN DIEU OU EN LA CHANCE ?

Toutes les religions, ou presque, parlent de chance. Petit tour des croyances.

* ***Dans l'Égypte ancienne,*** *il y a un dieu consacré à la chance, c'est Bès. Il est presque toujours représenté de face, ce qui est très rare chez les Égyptiens. Son physique de nain à grosses joues en a fait un dieu très sympathique et très populaire. Il joue du tambourin pour éloigner les esprits malins. Bès est aussi considéré comme le dieu qui apporte le bonheur dans les foyers.*
* ***Dans la Grèce antique,*** *la chance a une déesse. C'est Tyché, la déesse du hasard. Elle est représentée avec un bandeau sur les yeux et tenant une corne d'abondance, très souvent conduisant aussi une roue, la fameuse « roue de la fortune » qu'on retrouve dans le tarot de Marseille. Tyché décide du destin des mortels. Nul ne doit se vanter de sa bonne fortune ou négliger d'en remercier les dieux. Chez les Romains, elle a son équivalent, mêmes attributs, mêmes pouvoirs, c'est Fortuna.*
* ***Chez les hindous,*** *c'est le karma qui détermine la chance et la malchance. Selon qu'on a été bon ou mauvais dans ses incarnations précédentes, on aura une vie plus ou moins chanceuse. On peut en appeler tout de même à la clémence des dieux. Lakshmi, déesse de l'abondance représentée assise sur un lotus*

et tenant une corne d'abondance, est adorée des commerçants indiens qui affichent son icône derrière la caisse, mais le dieu « officiel » de la chance est Ganesh, un homme à tête d'éléphant, le protecteur des créateurs.

★ ***Chez les catholiques,*** *sainte Rita est la patronne des causes désespérées. On fait appel à elle quand on a besoin d'un grand coup de chance. Quand on a perdu un objet et qu'on aimerait le retrouver, on prie saint Antoine de Padoue et, pour être protégé lors d'un déplacement, saint Christophe.*

★ ***Chez les musulmans,*** *la religion en soi ne parle pas vraiment de chance ou de fortune, mais dans la tradition de beaucoup de pays musulmans, il y a de nombreuses pratiques superstitieuses qui permettent surtout d'écarter la jalousie. La plus connue : la main de Fatma qui protège la maison quand on la met sur la porte d'entrée. Contre le mauvais œil, on porte des médailles ou bracelets représentant un œil, tradition que l'on retrouve chez les juifs.*

★ ***Dans le judaïsme,*** *pas de mention directe de la chance non plus, mais on peut, lorsque l'on se rend au mur des Lamentations, y déposer une lettre de prières ou de vœux dans une des nombreuses fissures. Des milliers de feuilles de papier sont retirés de ce mur deux fois par an faute de place. Ces papiers, considérés comme sacrés, sont enterrés sur le mont des Oliviers.*

★ ***Les adeptes d'Amma,*** *gourou indienne qui parcourt le monde pour offrir de l'amour maternel à ceux qui en manquent, sont nombreux à faire la queue plusieurs heures pour avoir droit à un* hug. *On dit que, lors du* hug, *tout ce qu'on demande à Amma se réalisera. Le réalisateur Claude Lelouch est un grand adepte d'Amma, tout comme Marion Cotillard et Sharon Stone.*

SUIVRE LES SYNCHRONICITÉS

« Il faut toujours un coup de folie pour bâtir un destin. »
MARGUERITE YOURCENAR

Voyez-vous souvent des coïncidences qui semblent répondre à vos souhaits ? Vous arrive-t-il régulièrement de penser à quelqu'un et que cette personne vous appelle ? Que concluez-vous lorsque de nombreuses coïncidences semblent vous indiquer une direction à prendre ?

COMMENT ÇA MARCHE ?

La synchronicité est une coïncidence chargée de sens. Cette coïncidence va nous donner l'impression qu'il y a un plan ou un « univers », ou une autre force qui nous écoute et nous guide. On pense à quelqu'un, et comme par miracle, cette personne nous appelle, ou bien on la croise dans un quartier qui n'est pas le sien, voire dans une autre ville. Parfois, les synchronicités se multiplient de manière perturbante : on croise quelqu'un qui nous plaît et on le recroise sans arrêt, puis on découvre qu'on a des amis en commun, qu'on partage une passion pour tel ou tel lieu. La synchronicité se trouve parfois dans un événement qui semble dépourvu de sens au moment où il survient, mais qui se révèle plus tard de la plus haute signification.

Si l'on est très cartésien, on considérera que les coïncidences autour d'un sujet qui nous préoccupe montrent qu'on est prêt à passer à l'action. On devient attentif à ce qui concerne notre projet et, comme par hasard, on tombe sur des gens qui peuvent nous aider, des portes s'ouvrent, on trouve des solutions, car on sait ce que l'on veut.

Si l'on est plus ouvert aux mystères, on pensera que ce sont, en fonction de ses croyances, des signes de Dieu, de l'Univers, des anges gardiens...

Pour Deepak Chopra, gourou américain du développement personnel, tout a un sens, chaque personne a un rôle à tenir dans l'Univers et il suffit de suivre le *flow* de la vie en étant attentif aux signes pour réussir puisque l'on ira dans le sens de l'Univers. On sera la pièce manquante du puzzle, et donc on s'accomplira. Quand on va dans le sens de la rivière, tout est facile, fluide ; si on tente d'aller à contresens, rien ne marche.

Pour Allan Hunter, auteur spécialiste de la synchronicité, son essence même tient au choix que nous avons dans la façon d'y réagir. L'auteur fait référence à la sortie du livre *Le Choix de la lumière, découvrez les pouvoirs de votre part d'ombre* par des pontes de la spiritualité, Deepak Chopra, Marianne Williamson et Debbie Ford, alors qu'il écrivait le sien et comptait l'appeler *La Synchronicité, l'ombre et soi.* Il explique qu'il aurait pu se décourager, se vexer, s'énerver, laisser tomber, cela aurait été écouter son ego et jouer de malchance. Au lieu de ça, il l'a lu, a constaté une vision différente mais passionnante et en a conclu que le sujet était dans l'air du temps et que c'était une très bonne chose ! Au final, son livre s'est vendu à des dizaines de milliers d'exemplaires et a été traduit dans plusieurs langues.

CHANCE HISTORIQUE

★★★★★

C'est une belle synchronicité qui a mené Abraham Lincoln vers sa destinée. Adolescent, par compassion pour un homme contraint de vendre ses biens, Lincoln achète un tonneau que l'homme propose pour un dollar. Il ne l'interroge pas sur son contenu. Le tonneau est assez lourd. Il le garde chez lui et l'oublie assez vite. Quelques années plus tard, Lincoln traverse une longue période de confusion et d'indécision, hésitant entre une profession juridique et le journalisme. Au milieu de son dilemme, il tombe sur le fameux tonneau qu'il décide d'ouvrir. Il contient une pile de livres de droit. Lincoln y voit un signe et devient avocat, ce qui va le conduire à la politique et à la présidence des États-Unis.

MA CHANCE

Un matin, peu inspirée, je traîne sur les réseaux sociaux et je tombe sur la vidéo d'une école de sirènes aux Philippines. À cette époque, les sirènes n'étaient pas encore à la mode, cette vidéo était donc très surprenante. J'adore nager et j'ai toujours été fascinée par les sirènes. Ayant en tête le projet de passer plusieurs mois en Inde, je me dis qu'investir dans une ou même deux tenues de sirène pourrait être une bonne idée. Je pourrais peut-être, moi aussi, ouvrir mon école de sirènes ? À partir de ce projet très bancal, n'étant ni professeur de natation ni particulièrement douée dans l'eau, je cherche des tenues de sirène. C'est difficile à trouver, souvent sur-mesure avec plusieurs mois d'attente.

Je pars un mois plus tard et je finis par trouver un site allemand qui propose des tenues non pas en silicone, mais en matière maillot de bain recouvrant une monopalme. C'est moins joli, mais beaucoup plus abordable, même si ça reste du délire pour une idée sur un coup de tête : 150 euros la queue de sirène ! Une force en moi me pousse à cliquer, j'en prends deux. Le jour même, j'ai rendez-vous avec le directeur d'un palace aux Maldives qui veut que je fasse un article sur son hôtel à partir du dossier de presse et d'une interview de lui. L'interview se passe très bien, on parle même un peu de l'Inde, pays où il a beaucoup voyagé. Et là, je ne sais pas pourquoi, vu qu'il a évoqué l'Inde, je sens que je dois lui parler de mon achat stupide du jour. Les queues de sirène. En ouvrant la bouche pour le faire, je me dis que je vais me ridiculiser, que je n'ai pas à lui raconter ma vie, mais c'est plus fort que moi, je lui raconte. Il se trouve qu'il est passionné par le mythe des sirènes et cherche un artiste pour faire une vidéo avec des sirènes afin de promouvoir la nouvelle croisière qu'il propose sur un yacht au départ de l'hôtel. Il m'invite à faire ce job. Je lui laisse ma carte, il promet de m'appeler. Le temps passe, j'oublie cette affaire. Un jour, en Inde, mon téléphone sonne, c'est lui. Il veut que je vienne passer une semaine sur le nouveau bateau de croisière de l'hôtel pour tourner la vidéo et me demande un devis. Là aussi, j'écoute mon intuition qui me dit de demander plutôt un échange de services. Je négocie une semaine à l'hôtel après la croisière, tout compris : repas, activités…

Finalement, mes deux queues de sirène à 300 euros n'étaient pas un si mauvais investissement puisqu'en suivant mon instinct, j'ai passé un séjour incroyable dans un lieu unique que je n'aurais jamais pu m'offrir autrement.

QU'EST-CE QUE JE FAIS ?

Soyez plus attentif aux signes, aux réponses de la vie à vos envies, vos idées. Formulez des demandes : j'aimerais un signe, suis-je dans la bonne direction ? Dois-je faire confiance à telle personne et rester ouvert ? Vous devriez trouver votre réponse. Quand vous avez un but en tête, regardez bien autour de vous, observez ce qui pourrait vous donner une indication, une idée, un indice. Imaginez que la vie est un grand jeu de piste où vous pouvez trouver des indices là où vous vous y attendez le moins. Chaque personne à qui vous parlez peut être un pont vers quelque chose dont vous avez besoin, chaque décision que vous prenez peut vous en approcher si vous apprenez vraiment à vous écouter.

LA CHANCE DANS LES MAINS

*****

En chiromancie, l'art de la lecture des lignes de la main, il existe une ligne de chance. Elle débute verticalement à partir de la base du poignet, se dirige vers la base de l'annulaire et divise la paume en deux. Elle traduit le facteur chance dans la vie de la personne qui consulte, son destin, mais aussi son accomplissement personnel et ses facultés artistiques. Absente, elle caractérise une personne qui devra travailler dur pour réussir. Profonde, elle prédit une réussite sans satisfaction. Quand elle part de la ligne de vie, on dit que la personne ne pourra compter que sur elle-même. Si elle part du poignet et est bien marquée, la personne aura de la chance toute la vie, elle rencontrera beaucoup de succès. Si elle est fourchue, cela indique une réorientation professionnelle, bénéfique dans la majorité des cas. Et vous comment est votre ligne ?

DÉCODER SES RÊVES

« Si vous avez un rêve,
laissez-lui une chance de se réaliser. »
ROLAND DEVOS

Que faites-vous de vos rêves ? Est-ce que vous les notez ? En tenez-vous compte ? Comment ?

COMMENT ÇA MARCHE ?

Les rêves sont considérés par de nombreuses cultures comme divinatoires. Après des catastrophes comme le *Titanic*, on a entendu beaucoup d'histoires d'annulation de dernière minute à cause de rêves perturbants. Le souci, c'est qu'on n'a jamais rien pu prouver scientifiquement à ce sujet puisqu'il est impossible de vérifier que la personne qui dit avoir fait un rêve l'a réellement fait. Il peut quand même être intéressant de rester ouvert et, quand un rêve marquant, étonnant, perturbant se présente, tenter de l'analyser, de comprendre ce que notre inconscient, puisque c'est lui qui s'exprime pendant le sommeil, cherche à nous dire.

MA CHANCE

Quand j'avais mon blog de mode, je travaillais douze à quinze heures par jour : écrire des textes, planifier des shootings, programmer l'emprunt et le rendu des vêtements et accessoires, gérer les relations avec les marques, avec les lectrices, organiser des événements, animer le forum, préparer les déplacements sur les fashion weeks...

À une époque, j'avais calculé que j'exerçais 14 métiers en même temps : attachée de presse, rédactrice en chef, journaliste, secrétaire de rédaction, directrice artistique, graphiste, photographe, styliste, productrice, organisatrice d'événements, agent de voyages, rédactrice SEO, DRH et community manager. Je faisais aussi travailler des personnes de mon entourage selon leurs spécialités. Une nuit, j'ai très mal dormi, j'ai fait un rêve très perturbant où je retrouvais des amies près d'un mur sur lequel on grimpait, et deux d'entre elles montaient beaucoup plus vite en rigolant et me faisaient tomber des briques sur la tête en s'éloignant de plus en plus. Quelques jours après ce rêve, un énorme conflit débutait entre nous.

Le rêve en soi ne m'a pas été d'une grande utilité. Qui aurait pu prévoir que les choses tourneraient ainsi ? Mais il m'a amené à faire plus attention à ce que disaient mes rêves et qui ils mettaient en scène.

LEUR COUP DE CHANCE

Ralph venait me voir depuis plusieurs semaines pour définir son projet professionnel. Nous avions bien avancé, nous avions trouvé un lien entre plusieurs de ses centres d'intérêt et imaginé un métier sur mesure pour lui. Seulement, pour continuer à avancer, il avait besoin d'un coup de pouce. Son projet était une application dans un domaine très fermé, où il fallait des appuis pour pouvoir rencontrer les bonnes personnes.

Il était sur le point de se décourager quand, un matin, il arrive tout perturbé et me dit : « J'ai fait un rêve très étrange. » Il me raconte son rêve, une histoire de bateau, d'aventure, de voyage et la présence d'un de ses amis qui l'aidait à se sortir d'une situation complexe de sac perdu.

Je lui demande depuis combien de temps il n'a pas vu cet ami. Il me dit qu'ils se sont perdus de vue après la fin de leurs études, il y a cinq ou six ans. Je lui propose de le contacter, juste pour voir. Ils se revoient, dînent ensemble, se trouvent plein de points communs et renouent une solide amitié.

Nous continuons à avancer en hypnose sur différents blocages qui empêchaient Ralph de prendre pleinement sa place, et lors d'une séance qui sera la dernière, il arrive, ravi : Frédéric, qu'il a retrouvé, a un frère qui est bien placé pour le faire entrer dans le fameux cercle qu'il espérait intégrer. Ralph, plein de ressources, aurait sûrement trouvé un autre moyen d'y parvenir, mais utiliser l'information qu'il a reçue dans son rêve a accéléré les choses.

Était-ce de la divination ? Peut-être, ou bien simplement juste son inconscient qui se souvenait du domaine d'études du frère de son ami ? Au final, peu importe, ce qui nous intéresse, c'est que les rêves peuvent être d'excellents indicateurs. Sans leur donner trop d'importance, rester ouvert aux suggestions est une piste intéressante pour booster sa chance.

QU'EST-CE QUE JE FAIS ?

Essayez de vous souvenir de vos rêves et de bien noter les informations que vous y trouvez, on ne sait jamais. Pour cela, il faut réussir à les garder en tête. Prenez un joli carnet et un stylo que vous laisserez sur votre table de chevet et notez vos rêves dès que vous vous réveillez. Plus vous le faites, plus vous arriverez à vous souvenir de détails et d'un plus grand nombre de rêves. Nous rêvons tous plusieurs fois chaque nuit, mais nous ne nous souvenons souvent de rien. Neuf fois sur dix, vous n'en tirerez pas grand-chose, mais la pratique est amusante et pourrait se révéler utile, car elle crée un canal de communication. Si votre inconscient sait que vous tenez compte de vos rêves, peut-être va-t-il utiliser celui-ci pour vous donner des informations. Vous pouvez aussi tenter de l'activer en posant une question à votre inconscient juste avant de vous coucher : dois-je accepter cette proposition ? Suis-je sur la bonne voie ? Est-ce une bonne idée de déménager maintenant ? Et soyez particulièrement attentif aux rêves cette nuit-là et les suivantes, essayez de les noter le plus vite possible pour avoir un maximum d'éléments. Petit à petit, vous affinerez vos perceptions et comprendrez mieux le vocabulaire onirique. Les rêves peuvent aussi être cathartiques, permettre d'évoluer, de se dépasser, le sujet est vaste, n'hésitez pas à l'explorer.

MINI-ASTUCE « MAGIQUE » : DÉCOUVRIR SON ANIMAL TOTEM

★★★★★

Une ressource intérieure intéressante à connaître est celle de l'animal totem. Quelles que soient vos croyances, aller visiter son « sage intérieur » ne peut faire de mal à personne. L'animal totem, selon les chamans, est un esprit qui vous aide, vous soutient et peut vous conseiller et vous guérir. Pour le trouver, il vous faut juste le son régulier d'un tambour, rassurez-vous, on trouve de très bons enregistrements sur YouTube (tapez « tambour chamanique »), et effectuez votre premier « voyage chamanique ». Installez-vous confortablement, dans un endroit où vous ne risquez pas d'être dérangé. Vous pouvez vous allonger, mais aussi rester debout et danser, ou vous asseoir, c'est au feeling. Mettez en route l'enregistrement et utilisez votre imagination pour lancer le processus. Pensez à un lieu que vous connaissez, qui descend dans les profondeurs de la terre : une grotte idéalement, mais cela peut être un trou dans un tronc d'arbre ou un escalier qui mène à la cave. Vous pouvez essayer de visualiser un escalier, mais cela peut aussi bien être un toboggan, ou juste vous nageant vers le fond, sous la terre ou encore vous descendant dans un trou comme Alice au Pays des Merveilles, *tout est possible, amusez-vous. Descendez aussi longtemps que possible. Pendant la descente, soyez bien attentif à tout ce que vous transmettent vos sens : les odeurs, les matières, les sons, chaque sensation importante. Une fois que vous êtes en bas, un monde sauvage s'ouvre à vous. Si ce monde est civilisé, si vous voyez des traces propres aux humains, c'est que vous n'êtes pas descendu assez bas. Continuez votre descente. Une fois au plus bas, avancez dans le paysage ou dans le flou, vous n'êtes pas obligé de voir les choses, certaines personnes les sentent, d'autres les entendent, et appelez votre animal, demandez-lui mentalement de se montrer. Votre animal ne se montrera peut-être pas, peut-être l'incarnerez-vous, peut-être que vous ne comprendrez pas tout de suite de quel animal il s'agit. Observez, prenez le temps de faire connaissance avec lui s'il se présente. Si ce n'est pas le cas, saluez-le et proposez-lui de revenir plus tard. Une fois que vous avez fait connaissance, il incarne votre sagesse intérieure et vous pouvez faire appel à lui pour prendre des décisions, y voir plus clair, trouver une solution à un problème. Si vous arrivez à bien communiquer avec lui, il fera de vous un grand chanceux. N'allez pas chercher la signification de votre animal, il vous est apparu, car il correspond à vos références. Si vous voulez savoir pourquoi c'est lui et pas un autre, posez-lui plutôt la question directement. Un tigre pour vous ne veut pas forcément dire la même chose que pour votre voisine ou votre frère. Si l'animal qui se présente vous semble ridicule, ou si c'est un animal que vous n'aimez pas, voire que vous craignez, ne soyez pas déçu, au contraire, votre allié dans le monde invisible peut vous surprendre et vous apprendre à apprivoiser une peur, comprendre une limite, développer un talent que vous ignoriez.*

CHAPITRE 6

LA MALCHANCE

Pensez-vous être malchanceux ? Qu'est-ce qui vous donne cette impression ? Oseriez-vous assumer le fait d'être chanceux ? Qu'est-ce que la malchance ?

PSYCHOLOGIE DU MALCHANCEUX

« Si la réussite n'est pas la preuve du talent, la malchance n'est pas la preuve du génie. »

SACHA GUITRY

Plus facile de se placer en position de victime et de prétendre que la chance n'est pas de notre côté que de se remettre en cause ou de chercher à évoluer. Se dire malchanceux, c'est essayer de s'attirer la sympathie et faire croire qu'on n'a de contrôle sur rien, que l'on n'est pas responsable de ce qui nous arrive. À quel point est-ce vrai ?

COMMENT ÇA MARCHE ?

Selon Richard Wiseman, psychologue américain spécialiste de la chance, le malchanceux est en psychologie une « victime ». Il faudrait donc quitter ce rôle pour sortir du cercle vicieux de la malchance : plus je crois que je suis malchanceux, plus j'attire la malchance.

En effet, vous avez sûrement remarqué que, lorsque vous commencez une journée en vous disant qu'elle est pourrie ou qu'elle part mal, les problèmes, les grandes et petites catastrophes et contrariétés s'accumulent. Cela s'explique par deux choses : d'une part, quand tout commence du mauvais pied, vous allez ne voir que ce qui ne va pas, d'autre part, comme vous avez décidé que ça allait mal, vous allez plutôt saisir les occasions de faire des gaffes et vous tromper plutôt que celles qui sont bénéfiques. Au point que certains malchanceux pensent carrément que la terre entière est liguée contre eux, objets compris.

C'est à cause de cette paranoïa du malchanceux qu'est devenue populaire la fameuse « loi de Murphy » développée par Edward A. Murphy Jr., un ingénieur aérospatial américain qui en énonça les principes : « Tout ce qui est susceptible d'aller mal ira mal » et « S'il existe au moins deux façons de faire quelque chose et qu'au moins l'une de ces façons peut entrainer une catastrophe, il se trouvera forcément quelqu'un quelque part pour emprunter cette voie. » Détournée par les malchanceux avec un certain humour, cette loi s'appliquerait aux files d'attente : on choisira forcément celle qui avance le moins vite, et si on décide d'en changer, c'est celle où l'on était qui se mettra à avancer plus vite. Ou encore : la tartine tombe toujours du côté beurré.

Richard Robinson, un scientifique et conférencier américain, a écrit un excellent livre pour démonter point par point, expériences scientifiques à l'appui, cette loi. Dans *Pourquoi la tartine tombe toujours du côté du beurre ?*, il explique que la perception de la conspiration des objets que nous avons est statistiquement fausse : on est persuadé que la tartine tombe toujours du côté du beurre, si on analyse cette perception de conspiration en comptant chaque occurrence, on constatera qu'il y a autant de chance qu'elle tombe du côté du beurre que de l'autre côté. C'est la même fausse perception qui fait que l'on pense que la file d'attente d'à côté va toujours plus vite.

Quand le chanceux agace, suscite la jalousie et l'envie, le malchanceux amuse, il est sympathique, on a de la compassion pour lui, on ressent une certaine complicité. De nombreuses comédies mettant en scène des malchanceux ont eu un succès international comme *La Chèvre* avec Pierre Richard et Gérard Depardieu. Même sur Internet, la malchance a une place de choix, ainsi le site Vie de merde répertorie les coups de malchance de gens qui partagent leurs expériences malheureuses et arrivent à en rire et à faire rire un large public. C'est cette sympathie qui fait que l'on peut vouloir se cacher dans un rôle de malchanceux plutôt que de créer et d'assumer sa chance. Le chanceux attise les jalousies, on se méfie de lui ou bien on tente de l'utiliser, il peut gagner la sympathie, mais il n'a pas la popularité immédiate et inconditionnelle du malchanceux. Le malchanceux fait de la peine, on essaie de l'aider, même si on a peur qu'il nous porte la poisse.

QU'EST-CE QUE JE FAIS ?

Identifier le fait qu'on se place dans un rôle de victime est déjà un très grand pas qui permet de prendre le recul nécessaire pour en sortir peu à peu. Une fois qu'on a compris le jeu qui se joue et le rôle qu'on s'y donne, il est plus facile de prendre un peu de recul dans les différentes situations et de se rendre compte des moments où l'on tombe dans ce piège. Le rôle de victime est bien sûr une protection, comme une carapace que l'on a mise, le plus souvent pendant l'enfance, et qu'on a oublié de mettre à jour. Quand on s'aperçoit qu'être victime ne nous apporte plus rien de bon, voire nous nuit, on peut se reprendre en main et assumer ses choix, ses actes, son attitude.

Une fois que l'on a pris conscience de ce rôle et qu'on souhaite vraiment le lâcher, on peut se débarrasser de ses croyances limitantes, cela se fait en plusieurs étapes :

- Identifiez les croyances qui vous placent en victime. Par exemple : « J'ai la poisse », « Je ne mérite pas d'être aimé/aidé/apprécié », « Je suis fragile/faible », « J'ai besoin qu'on m'aide, je ne peux pas y arriver seul. »

- Pour chaque croyance, demandez-vous si c'est toujours vrai. Puis identifiez au moins deux ou trois situations dans lesquelles votre croyance a été fausse.

★ Reformulez vos croyances en phrases plus justes, plus proches de la réalité. Par exemple : « Parfois, j'ai besoin d'aide », « Il m'arrive de me sentir fort », « Je fais de bonnes choses. »

★ Puis reformulez encore à l'aide d'affirmations positives, sans forcer, juste des choses que vous incarnez et assumez pleinement : « Je suis fort », « Je peux faire seul », « Je mérite d'être aimé. »

CHANCE OU MALCHANCE ? QUI PEUT LE SAVOIR ?

★★★★★

Un conte taoïste illustre parfaitement la nécessité de lâcher prise face à certaines « malchances ». Il y avait dans un village un homme pauvre qui avait un magnifique cheval. Le cheval était si beau que les seigneurs du château voulaient le lui acheter, mais l'homme refusait sans relâche : « Pour moi, ce cheval n'est pas un animal, c'est un ami. Comment voulez-vous vendre un ami ? » Un matin, il se rendit à l'écurie et le cheval avait disparu. Tous les villageois lui dirent : « On te l'avait bien dit ! Tu aurais mieux fait de le vendre. Maintenant, on te l'a volé... Quelle malchance ! » Le vieil homme répondit : « Chance, malchance, qui peut le dire ? » Tout le monde se moqua de lui. Mais quinze jours plus tard, le cheval revint, avec toute une horde de chevaux sauvages. Il avait fugué et séduit une jument. Il rentrait avec le reste de la troupe. « Quelle chance ! », s'exclamèrent les villageois. Le vieil homme et son fils se mirent au dressage des chevaux sauvages. Mais une semaine plus tard, le fils se cassa une jambe à l'entraînement. « Quelle malchance ! », dirent ses amis. « Comment vas-tu faire, toi qui es déjà si pauvre, si ton fils, ton seul support, ne peut plus t'aider ? » Le vieil homme répondit : « Chance, malchance, qui peut le dire ? » Quelque temps plus tard, l'armée du seigneur du pays arriva dans le village et enrôla tous les jeunes gens disponibles. Tous... sauf le fils du vieil homme, qui ne put partir avec sa jambe cassée. « Quelle chance tu as, tous nos enfants sont partis à la guerre, et toi, tu es le seul à garder ton fils auprès de toi. Les nôtres vont peut-être se faire tuer ! » Le vieil homme répondit : « Chance, malchance, qui peut le dire ? »

LEUR COUP DE CHANCE

Ophélia est venue pour une consultation en coaching, car elle venait d'enchaîner trois jobs où, à chaque fois, elle était harcelée. Même pression, mêmes demandes disproportionnées, mêmes menaces, même descente aux enfers. Découragée, elle a commencé à se demander si ça n'était pas lié à son secteur et a voulu essayer de se reconvertir.

C'est dans cet espoir qu'elle s'était tournée vers moi. Lors de notre première séance, elle a beaucoup insisté sur le fait qu'elle n'avait pas de chance, voire qu'elle était une vraie poissarde à qui il n'arrivait que problème sur problème. En y réfléchissant ensemble, en analysant les différentes situations qu'elle me décrivait, nous nous sommes aperçues que, quoi qu'il lui arrive, elle prenait systématiquement la posture de « victime » sans jamais se remettre en question ou chercher à changer la situation.

Nous avons travaillé en hypnose et démêlé des nœuds anciens qui la maintenaient dans la croyance qu'elle ne méritait pas d'être bien traitée, appréciée à sa juste valeur. Elle avait aussi des affirmations négatives en tête la concernant : je ne suis pas capable, je ne suis pas intéressante. Elle aurait pu continuer à dire : « Je n'ai pas de chance » et renoncer à toute démarche.

Le fait d'être venue me voir et d'avoir accepté de passer du coaching à l'hypnose montrait déjà qu'elle commençait à changer. Il nous a fallu seulement trois séances pour lui permettre de lâcher ses croyances bloquantes. Peu à peu, elle s'est reconstruite, a guéri des blessures qui l'avaient poussée, pour se protéger, à se cacher dans le rôle de victime, de malchanceuse.

LA PEUR DU REVERS DE LA CHANCE

« La chance, c'est un vol inconscient. »
ALFRED CAPUS

Avez-vous peur d'avoir trop de chance ? Que la vie cherche à rééquilibrer les choses en vous punissant d'avoir été si chanceux ? Osez-vous assumer votre chance devant les autres ?

COMMENT ÇA MARCHE ?

Il y a beaucoup de croyances autour de la chance qui font que l'on s'en méfie. On pense que ça ne peut pas durer, on dit que la roue tourne. Dans certaines traditions, on prétend qu'il ne faut pas trop parler de sa chance, qu'elle risque de s'envoler. Certains n'osent pas montrer leur bonne fortune, car ils croient que cela va attirer les jalousies, voire l'œil sur eux. Le souci avec les croyances, c'est qu'elles ont tendance à se confirmer, car tout dans notre attitude va attirer ce que l'on imagine. Si j'ai de la chance pendant longtemps, sur plein d'aspects, et que je suis persuadé qu'elle va tourner, il va forcément y avoir à un moment un événement malheureux que je vais décider de voir comme le tournant. Qu'elle tourne réellement ou pas, j'aurai l'impression que la moindre contrariété est une confirmation du fait que la chance m'a lâché.

La malchance peut donc être provoquée par la peur du revers de la chance, cette idée selon laquelle, quand on a trop de chance, il risque de nous arriver malheur, comme un rééquilibrage de la vie dans l'idée du karma hindou, mais dans une seule vie. De la même manière, il est dangereux de se persuader que l'on va être puni, cela risque vraiment de jouer un rôle d'auto-prophétie.

Si la malchance amuse et attire la compassion, la chance est plutôt source de jalousies et de médisances, on parle de « chance insolente ». Avoir trop de chance aux yeux de ceux qui pensent ne pas en avoir, ne pas être nés sous une bonne étoile peut provoquer des ravages dans les relations. Beaucoup de gens ont, au fond, peur de la chance.

LEUR COUP DE CHANCE

Melissa m'a choisie pour l'aider à surmonter sa difficulté à créer des liens, se faire des amis, avoir un cercle de proches. À la troisième séance, elle m'a dit une chose qui m'a interpellée : quand je lui ai demandé si elle avait parlé à son entourage de la bonne nouvelle qu'elle avait reçue au travail, elle m'a répondu : « Oh non, sûrement pas. » Nous avons creusé la question de sa forte résistance à raconter un fait somme toute assez anodin et légèrement valorisant. La discussion que nous avons eue a fait ressortir le fait que Melissa ne partageait avec les siens que les mauvaises nouvelles et, quand tout allait bien, dans ses conversations, elle mettait quand même l'accent sur ce qui se passait le moins bien : elle avait un bon travail bien payé, mais elle se plaignait des heures supplémentaires, elle avait un joli appartement bien situé, mais elle se plaignait du prix du loyer.

À l'écouter, tout le monde devait penser qu'elle avait une vie épouvantable. Ce qu'elle ne faisait pas trop avec moi, même si elle atténuait quand même ses succès. Elle ne s'était pas rendu compte qu'elle tenait un discours principalement négatif et que cela plombait les conversations. Elle ne s'était pas imaginée une minute que cela pouvait tenir les gens à distance, tant elle était persuadée qu'il fallait à tout prix cacher sa chance pour ne pas faire de jaloux ni s'attirer d'ennuis. Elle a mis plusieurs mois à retrouver un discours sincère, ponctué de bonnes et de mauvaises nouvelles, à lâcher sa peur de briller, ce qui lui a permis peu à peu de s'entourer de personnes bienveillantes et même d'évoluer professionnellement.

MINI-ASTUCE « MAGIQUE » : NETTOYER SA MAISON

★★★★★

Vous trouvez que vous avez vraiment la poisse en ce moment ? Que vous cumulez les ennuis de façon étonnante ? Que les problèmes vous tombent dessus en escadrille ? Et si vous aviez le mauvais œil ? Selon de nombreuses croyances, lorsqu'une ou plusieurs personnes sont très jalouses de vous, elles vous envoient, sans forcément le vouloir ni même en être conscientes, le « mauvais œil ».
Les méthodes pour s'en débarrasser sont tout aussi variées que les croyances autour de cette malédiction innocente. En voici une qui a le mérite d'être concrète : nettoyez de fond en comble votre maison avec l'intention de la libérer des mauvaises ondes et des esprits taquins. Prenez une douche et faites un gommage. Puis faites le tour de votre habitation avec un bâton d'encens allumé en demandant aux mauvais esprits de partir avec la fumée. En principe, vous devriez retrouver votre chance ; au pire, vous aurez la chance d'avoir une maison impeccable et qui sent bon, et un corps tout doux, c'est déjà ça.

CHANCE OU MALCHANCE ?

★★★★★

La première fois, Frano Selak a 33 ans et, vu ce qui lui est arrivé, il pourrait aussi bien se prendre pour le Christ. Il attrape de justesse un train pour se rendre à Dubrovnik à un concert. Au milieu du trajet, il y a un choc violent, il est projeté sur le mur et son épaule craque. Le wagon tombe dans le lac et se remplit d'eau. Il arrive à sortir par une fenêtre et à nager jusqu'à la rive malgré son omoplate cassée. Quelques mois plus tard, il prend l'avion. On annonce des turbulences. L'appareil pique du nez. La porte de l'issue de secours s'arrache, il est happé hors de l'avion sans parachute. Il atterrit sur une énorme botte de foin. Il s'en sort avec quelques égratignures alors que tous les passagers de l'avion sont morts dans le crash.
Trois ans après, en route pour le ski, il est dans un autocar qui glisse sur le verglas, percute un muret et plonge dans le vide. Il n'y a pas d'autre survivant que lui.
Cinq ans de tranquillité, et un matin, alors qu'il se rend au conservatoire, le moteur de sa voiture prend feu. Il arrive à s'en extraire avant qu'elle n'explose. Grâce à l'argent de l'assurance, il investit dans une voiture plus sûre.
En rentrant d'une répétition, trois ans plus tard, la pompe à carburant rompt et déclenche un incendie. Cette fois, les flammes sortent des ventilateurs, ses

cheveux prennent feu. Les pompiers interviennent très vite, et à part quelques brûlures au second degré, il en sort indemne.
Quelques années plus tard, il est fauché par un bus. Quelques nuits d'hôpital et il se remet tranquillement de son accident.
L'été suivant, il est percuté par un camion. Sous le choc, la portière de sa voiture s'arrache, il saute et s'agrippe à un arbre, la voiture, elle, s'écrase et explose aussitôt.
Pour fêter ses 72 ans, il s'offre un billet de loterie. Et il gagne 800 000 euros, qu'il distribue à toute sa famille et il continue de vivre de la façon la plus frugale qui soit.

QU'EST-CE QUE JE FAIS ?

Le premier pas pour se libérer de la peur de la chance est de lâcher ses idées reçues : vous pensez qu'on finit toujours par payer sa chance ? Trouvez des exemples dans votre vie qui prouvent le contraire, puis des exemples de destins qui prouvent également qu'une vie peut tout à fait être pavée principalement de chance.

Si vraiment vous bloquez et la peur du revers de la chance vous tétanise, c'est qu'il y a un souci de l'ordre de l'autorisation à être heureux que vous ne vous donnez pas. Essayez de réfléchir à ce qui dans votre parcours vous donne l'impression de ne pas mériter ce qui vous arrive. Trouvez les phrases que vous vous dites habituellement : « Le bonheur, c'est pour les autres », « Je n'ai pas le droit d'être heureux alors que toute ma famille/l'humanité est misérable. » Listez-les et écrivez l'affirmation positive qui sonne plus juste pour vous. Par exemple : « Le bonheur, c'est aussi pour moi » ou « J'ai le devoir d'être heureux pour aider ceux qui ne le sont pas », ou encore « En étant heureux, je montre le chemin de la joie à ceux qui ont du mal à le trouver. » Écrivez vos affirmations et collez-les un peu partout : miroir de la salle de bains, frigidaire, toilettes…

CHAPITRE 7

LA CHANCE, CE N'EST PAS CE QUI ARRIVE, C'EST CE QU'ON EN FAIT

Comment prenez-vous la vie ? Est-ce pour vous un grand jeu plein de rebondissements ? Une course folle contre les problèmes ? Savez-vous voir le bon dans chaque situation ? Les portes qui se ferment, savez-vous les contourner ?

TRANSFORMER LES CATASTROPHES EN MIRACLES

« Un pessimiste voit la difficulté dans chaque opportunité, un optimiste voit l'opportunité dans chaque difficulté. »
WINSTON CHURCHILL

Savez-vous créer des miracles ? Avez-vous déjà rebondi sur un drame pour en faire un tremplin ? Comment vous y êtes-vous pris ?

COMMENT ÇA MARCHE ?

Les chanceux ont un pouvoir magique : ils savent transformer le malheur en bénédiction, les catastrophes en miracles et les problèmes en opportunités. Quand on rencontre une contrariété, un souci plus ou moins gros, c'est l'occasion de remettre les choses en question, et donc d'avancer. Cela effraie la plupart des gens, mais se désespérer est contre-productif, trouver une nouvelle façon de fonctionner conduit à faire des bonds en avant. La difficulté donne des ailes aux optimistes qui vont en faire un tremplin.

Bien sûr, on est humain, on a le droit d'avoir des émotions, d'être perturbé par une situation qui ne tourne pas en notre faveur, blessé par une personne que l'on aime, trahi ou malmené par un entourage décevant, déchiré par la souffrance de la perte d'un être cher. On doit s'accorder la possibilité de crier notre rage, pleurer, se plaindre, vivre complètement les émotions qui nous traversent. Il ne s'agit pas de se transformer en robot en se protégeant des émotions. Non, l'idée est de se donner le temps de vivre avec force et courage ces montagnes russes émotionnelles, mais de ne pas se laisser sombrer en s'y identifiant. On s'accorde un temps pour lâcher la pression, une semaine, un mois, un an, puis on prépare le rebond en douceur. Si on ne le fait pas, ces émotions contenues viendront nous sauter au visage à la prochaine catastrophe et le rebond perdra de son bel élan. Puis on s'offre la possibilité de passer à autre chose. C'est un cadeau que l'on doit se faire, cela peut être plus ou moins difficile en fonction de l'épreuve traversée, mais ne doutez jamais que vous méritez ce présent.

Richard Wiseman, le psychologue américain qui a beaucoup analysé les chanceux, a fait une étude sur leur vision de la vie. Il a demandé à 400 chanceux et 400 malchanceux de noter, sur une échelle de temps, les événements heureux de leur vie en haut et les événements malheureux en bas. Les chanceux ont presque tout placé en haut, même les deuils, les maladies, les licenciements, les malchanceux, presque tout en bas, même les mariages, les naissances. Ce n'est pas qu'une question de point de vue, c'est bien de voir le positif dans chaque chose, mais le chanceux va bien au-delà de ça. Le chanceux utilise chaque problème pour apprendre quelque chose, avancer, changer, évoluer. Par exemple, quand le chanceux est licencié, il voit une extraordinaire opportunité de faire un bilan de compétences, se former, découvrir un nouveau métier ou une nouvelle façon de faire quand le malchanceux se referme et décide que sa vie n'est vraiment pas une partie de plaisir.

Il s'agit d'accepter que tout ne soit pas parfait, que tout ne se passe pas toujours comme vous l'avez prévu, et heureusement, sinon quel ennui ! Puis de trouver comment tirer le meilleur parti de ce qui vous arrive. Cette vision peut sembler égoïste ou individualiste, mais au contraire, oser rebondir et ouvrir les portes d'une vie plus proche de vos aspirations est un moyen d'être une source d'inspiration pour les autres, de leur montrer que ce chemin existe, qu'on peut l'emprunter. En vous reconvertissant à un métier qui vous ressemble plus après un licenciement, en rencontrant un nouveau compagnon de vie après avoir perdu le vôtre, en osant être heureux alors qu'autour de vous certaines personnes souffrent, vous prouvez qu'on peut le faire, que l'espoir est permis.

CHANCE HISTORIQUE

*****

Viktor Frankl est un psychiatre autrichien. Prisonnier dans un camp de concentration pendant la Seconde Guerre mondiale, il remarque que les gens qui survivent le plus longtemps ne sont pas les plus robustes ni les moins malades. Très intrigué par ce phénomène, il enquête, parle à tout le monde, pose des questions. Il se rend compte de ce qui va être la base de sa méthode, la logothérapie, que ce sont ceux qui ont su trouver un vrai sens à leur existence, ceux qui ont un but, une raison de rester en vie, comme un enfant à l'extérieur, un projet, un être aimé à retrouver, une mission à accomplir ou une bonne raison de résister, qui survivent.

Fort de cette découverte, il résiste lui aussi, car il veut la partager avec le monde. Il mesure par lui-même l'importance de ce sens à l'existence. Il dédie ensuite sa vie à démontrer que l'être humain a besoin de sens et que ses patients ne souffrent pas seulement de frustrations comme l'avait soulevé Freud, mais aussi de vide existentiel. Il est un magnifique exemple de comment tourner un événement atroce, être enfermé dans un camp de concentration, en déclic de carrière et de sens à l'impact mondial sur plusieurs générations.

LA CHANCE VUE DES ÉTOILES

★★★★★

En astrologie, on peut lire la chance d'une personne dans son thème astral.

Le thème est composé de douze « signes », qui sont des constellations, et de douze « maisons », qui représentent les différents aspects de la vie dans lesquels on trouve les planètes du Système solaire positionnées en fonction de l'endroit où elles se trouvaient au jour et à l'heure de naissance de la personne dont on étudie le thème.

- ***Jupiter*** *est la planète de la chance, elle est même surnommée « le grand bénéfique ». Bien placée vis-à-vis des autres planètes, son influence peut indiquer un destin très chanceux. Son incidence sera plus ou moins forte dans les différents domaines de la vie en fonction de la maison dans laquelle elle se situe.*
- *La planète* ***Vénus,*** *bien placée dans un thème astral, peut aussi porter chance, surtout en amour.*

L'astrologie a longtemps été utilisée pour le recrutement. Ma grand-mère, Marguerite de Surany, était une astrologue très connue et elle étudiait des thèmes pour plusieurs maisons, notamment dans la mode. Souvent, on lui demandait de sélectionner des profils de chanceux. On dit qu'elle ne s'est jamais trompée, il faut dire qu'elle était aussi une grande chanceuse.

QU'EST-CE QUE JE FAIS ?

Il s'agit, à chaque fois qu'il vous arrive quelque chose qui vous contrarie, de chercher et débusquer les cadeaux cachés. Chaque malheur apporte forcément à plus ou moins long terme de belles opportunités, il faut juste ne pas sombrer dans le désespoir et s'offrir la possibilité de trouver des avantages à la situation. Une bonne façon de le faire peut être de lire des témoignages de personnes ayant vécu la même chose et de regarder ce qu'elles en ont fait, sans tomber dans le piège de la comparaison : je ne serai jamais à la hauteur... juste pour se rendre compte que c'est possible. Ensuite, vous pouvez regarder dans votre propre parcours les événements négatifs que vous avez traversés et ce qu'ils vous ont plus ou moins directement apporté. Faire cette démarche permet d'enclencher le mode de pensée chanceux, celui qui vous fait voir le bon côté, même dans les pires moments. Demandez autour de vous qu'on vous raconte des histoires de résilience, rebonds, de réussites impossibles, de séries noires qui finissent bien, tout le monde a toujours quelque chose de magique à raconter quand on lance le sujet.

MA CHANCE

Pour mes 22 ans, j'ai vécu ce qu'on pourrait appeler une « série noire » : j'ai été harcelée au travail et j'ai dû accepter un départ négocié alors que j'adorais ce que je faisais, animatrice radio. J'ai trouvé un job d'appoint dont j'avais honte, puis j'ai eu un gros accident de voiture. J'ai failli mourir sans avoir accompli mes rêves, sans avoir même vraiment vécu quoi que ce soit, et ça a été un choc.

J'aurais pu tomber dans une dépression sévère, c'est d'ailleurs ce dont me menaçait le médecin qui m'a suivie après l'accident en essayant de me pousser à prendre des antidépresseurs. J'ai refusé de suivre cette voie. J'ai subi plusieurs opérations. Mon nez cassé allait être reconstruit. Je me suis rattachée à ça, ça peut sembler futile, mais je me suis dit : je n'ai pas tout perdu, j'avais une bosse sur le nez due à un choc en auto-tamponneuse enfant et, grâce à cet accident, décidément pas de chance avec les voitures, j'allais retrouver un nez normal. Ça m'a permis de tenir le coup, mais j'avais besoin d'un projet.

Avant la rhinoplastie, j'ai voulu me renseigner, lire des témoignages de gens qui étaient passés par là, et je n'ai rien trouvé. Aucun livre grand public ne traitait de ce sujet. J'en ai parlé à mon chirurgien qui m'a ouvert son carnet d'adresses pour interviewer toutes ses patientes et en faire un livre. Je n'ai jamais trouvé d'éditeur pour ce livre, *Mon nouveau nez*, mais grâce à lui, j'ai rencontré le rédacteur en chef d'un magazine de chirurgie esthétique qui m'a proposé de faire des piges. J'ai bien sûr accepté, car je rêvais d'écrire dans la presse féminine, c'était un premier pas vers une vie qui me ressemblait plus. Et grâce à ces piges, j'ai pu en décrocher d'autres dans des magazines féminins à plus grand tirage.

Quelques mois plus tard, je décrochais ma carte de presse. Si je n'avais pas été obligée de quitter mon job que j'aimais à la radio, si je n'avais pas eu cet accident, je ne serais probablement pas devenue journaliste, je n'aurais peut-être même jamais osé écrire.

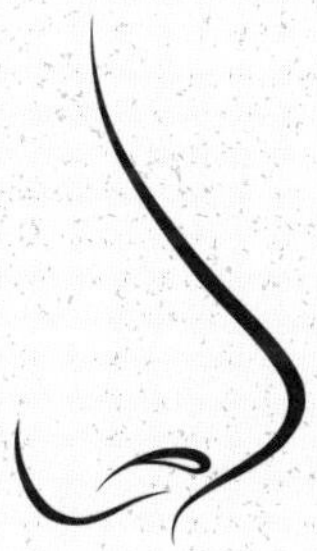

LEUR COUP DE CHANCE

Licenciée, Manon est venue me voir, ne sachant pas comment gérer la situation. Elle était complètement déboussolée. En CDI dans un domaine réputé stable, elle ne s'attendait pas du tout à devoir partir.

Elle a beaucoup pleuré, je l'ai écoutée déverser son désespoir. Puis je lui ai demandé : « Vous l'aimiez tant que ça, ce travail ? » Interloquée, elle me répondit : « Ben, c'était un travail, ce n'est pas censé être la fête non plus, ça allait. » Je l'ai invitée à creuser : « Si ça allait, qu'est-ce qui n'allait pas si bien que ça ? »

Ce qu'elle a mis quelque temps à trouver. Elle s'ennuyait, elle avait des horaires très prenants, on lui demandait souvent des choses qui n'avaient rien à voir avec son travail, et s'ensuivit une longue liste de points négatifs. Puis je lui ai demandé ce qui lui plaisait. Il n'en est ressorti que trois choses : le prestige du poste, de la boîte et le salaire. Alors je lui ai dit : « Pensez-vous que ce soit un si grand malheur d'avoir perdu ce travail ? » Et je lui ai proposé que nous profitions de cette opportunité pour chercher un domaine qui lui correspondrait mieux, une société dans laquelle elle se sentirait plus à sa place.

Elle a accepté de tout remettre à plat. Nous avons défini son but : trouver un poste dans le même secteur, mais avec des tâches différentes, puis les étapes pour y arriver, dont une formation de quelques mois financée par le chômage, et elle a pu, grâce à son « merveilleux malheur » pour paraphraser le célèbre psychologue spécialiste de la résilience Boris Cyrulnik, se réinventer. Pas totalement puisqu'elle est restée dans le même domaine, mais juste assez pour évoluer et trouver sa juste place.

RENCONTRER LA SÉRENDIPITÉ

« Toutes les choses sont prêtes si nos esprits le sont. »
WILLIAM SHAKESPEARE

À quel point vous laissez-vous guider par vos découvertes hasardeuses ? Acceptez-vous de faire un détour pour aider un chat perché trop haut dans un arbre ou de changer vos plans pour vous rendre à une soirée où l'on vous invite à la dernière minute ? À quel point la sérendipité a-t-elle de la place dans votre vie ?

COMMENT ÇA MARCHE ?

La sérendipité est une sorte de sagacité accidentelle. En anglais, *serendipity* veut dire « faire des découvertes et des rencontres heureuses de manière accidentelle ». Le mot est beaucoup plus populaire chez les anglophones, on trouve en Angleterre et aux États-Unis des *serendipity shop*, des boutiques généralement chargées où l'on trouve de tout et n'importe quoi : des objets de déco, des bijoux d'occasion, des tas de choses éparses et complètement désorganisées.

De nombreuses découvertes importantes ont été faites par sérendipité. Royston Roberts est un auteur américain qui a recensé les découvertes de ce type et leurs incroyables histoires. On trouve dans son livre, entre autres, l'invention accidentelle de l'hélice de bateau, la découverte à la suite d'un accident, par le plus grand des hasards, de la grotte de Lascaux ou des manuscrits de la mer Morte.

D'après Madhukar Shuklar, professeur à la Business School de Jamshedpur, la sérendipité serait à l'origine de 20 % des grandes découvertes. La plus connue est celle de la pénicilline par Alexander Fleming, le biologiste britannique connu au début du XXe siècle pour ses découvertes sur la lutte contre les bactéries, qui oublie de désinfecter ses cultures avant de partir en vacances, pour les retrouver tuées par un champignon, le penicillium. Il a pu, grâce à sa maladresse, observer l'effet de la pénicilline sur les bactéries et ouvrir les portes de la découverte de l'aspirine quelques années plus tard.

Attention, la sérendipité ne fonctionne que si on l'active, si on lui permet d'offrir ses surprises : Fleming s'est intéressé aux cultures après son oubli plutôt que de pester et de tout nettoyer en rageant. Si les sœurs qui ont créé la tarte Tatin en la cuisant à l'envers l'avaient jetée de rage au fond d'une poubelle, jamais leur tarte n'aurait marqué l'histoire de la pâtisserie.

Le romancier William Boyd a inventé l'inverse de la *serendipity*, la *zemblanity*, des découvertes malheureuses et inattendues dans son roman *Armadillo*.

LA LÉGENDE DE SERENDIP

★★★★★

Le mot serendipity *est issu d'une légende populaire : la légende des trois princes de Serendip, ancien nom du Sri Lanka.*
Cette légende est une série d'histoires, un peu comme dans les Mille et Une Nuits, *qui décline les aventures des princes lors d'un grand voyage que le roi exige qu'ils fassent avant d'accéder au trône. Les trois princes font de belles rencontres, aident des personnes qui en ont besoin sans rien attendre en retour et finissent toujours par recevoir des récompenses qu'ils ne cherchaient pas, mariages avec de belles princesses, royaumes, richesse, pour leurs découvertes, astucieuses ou accidentelles. Le roi voulait juste tester leur capacité d'adaptation et leur intelligence, ils réussissent au-delà de ses espérances.*

QU'EST-CE QUE JE FAIS ?

Il s'agit simplement d'accepter le hasard et de vous montrer souple : n'hésitez pas à aider une personne, même si vous êtes un peu en retard, à regarder un beau coucher de soleil, même si quelqu'un vous attend, à prendre un chemin différent, même s'il est plus long.

Essayez de donner la plus grande attention possible à ce que vous ressentez et, lorsque vous rencontrez une contrariété, regardez-la avec curiosité plutôt qu'en manifestant un certain agacement.

Ne laissez pas tout tomber au moindre contretemps, ne baissez pas les bras quand vous pensez que tout est fichu, bien au contraire, restez sûr que la vie vous mène au bon endroit. Chaque obstacle peut être l'occasion de faire une découverte, chaque échec peut être un miracle en cours.

Pensez aux sœurs Tatin, ne jetez pas la tarte cuite à l'envers, restez ouvert.

LEUR COUP DE CHANCE

Camille ne comprenait pas pourquoi sa carrière ne décollait pas. Elle avait tout bien fait : études brillantes, réseau actif, elle avait ouvert son cabinet de sophrologie, et bien que tout fût parfait, il ne se passait rien. Quand elle est venue me voir, elle se demandait s'il ne fallait pas carrément qu'elle remette tout en question.

Nous avons fait le point sur ses envies, ses motivations, ses valeurs. Tout concordait, elle ne s'était pas trompée de voie. Nous avons fait un travail d'ouverture avec l'hypnose pour qu'elle s'autorise à être vue, à être connue, à être payée pour faire ce qu'elle aimait par-dessus tout.

En parallèle de ce travail, je lui ai proposé un genre de jeu. Une fois par jour, elle devait faire quelque chose que lui dictait son instinct et aller au bout. Par exemple, si elle avait envie de prendre une rue, elle devait la prendre, puis si, au bout, il y avait une boutique qui lui semblait intéressante, elle devait y entrer...

Elle a mis en pratique ce jeu pendant un mois. Lorsque nous avons fait le point, elle m'a d'abord dit à quel point elle était étonnée de tout ce qu'elle avait fait, rencontré et découvert en si peu de temps. Puis elle m'a dit qu'en plus d'avoir trouvé une excellente boulangerie au coin de sa rue, un cours de poterie près de son bureau et rencontré une nouvelle amie juste en s'installant sur un banc et en décidant de parler à la jeune femme à côté d'elle, elle avait aussi ouvert une porte. Elle avait laissé le hasard entrer dans sa vie et elle se sentait libérée, plus vivante. Je lui ai proposé de continuer, mais d'être plus active dans ce « hasard » et elle a commencé à formuler des vœux : j'aimerais faire une rencontre qui m'apporte trois nouveaux clients, j'aimerais trouver une école pour ma fille l'année prochaine. Avec toujours la même consigne : être à l'écoute et aller au bout. Petit à petit, son cabinet s'est rempli et elle a repris les rênes de sa vie.

C'est souvent quand on accepte de lâcher le contrôle, tout en ayant conscience de la direction que l'on souhaite donner à sa vie, que tout s'aligne.

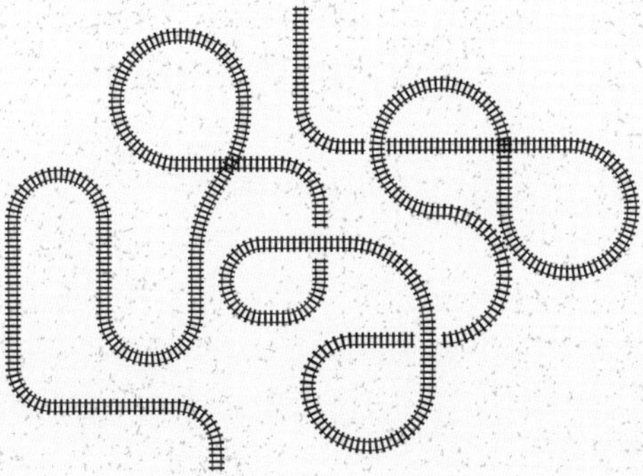

ALLER AU BOUT DU CHEMIN

« Je poursuivrai ma chance jusqu'au fond de l'eau. »
JULES CÉSAR

À quel point êtes-vous persévérant ? Êtes-vous du genre à vous décourager rapidement ? Savez-vous insister quand il faut et lâcher quand c'est nécessaire ?

COMMENT ÇA MARCHE ?

Quand on est sûr de sa direction, les échecs ne sont que des leçons qui permettent d'avancer encore plus vite. Les chanceux ne vont pas perdre leur énergie à ruminer les problèmes, ils ont une attitude active et positive qui permet la transformation. Si quelque chose ne marche pas, ils tirent les leçons de ce qui s'est passé et tentent autre chose. Ils se remettent toujours en question. Jamais un chanceux ne dira que ce n'est pas de sa faute, avoir de la chance, c'est assumer totalement la responsabilité de sa vie et ne pas se laisser décourager, même quand tout semble aller dans le mauvais sens.

Insister, c'est la clé. Souvent, on arrête de faire des efforts pile au moment où cela aurait pu enfin payer. Le chanceux n'abandonne pas en chemin, il va au bout des choses. Cela a deux avantages : il multiplie ses chances d'atteindre son but, mais aussi, si par malheur il n'y arrive pas, il a au moins la certitude d'avoir tout essayé, il n'aura aucun regret ni culpabilité et pourra sereinement passer à autre chose.

QU'EST-CE QUE JE FAIS ?

Dites-vous bien que ruminer le passé est une perte d'énergie et de temps, le temps est limité, on a tendance à l'oublier. Tirez les leçons de vos erreurs passées sans insister, sans culpabiliser ou vous en vouloir, soyez doux avec vous-même, tout en vous poussant à évoluer.

Ne recommencez pas deux fois la même erreur en ayant bien compris ce qui s'est joué, n'hésitez pas à faire appel à un thérapeute pour déjouer les scénarios inconscients et travailler là où c'est nécessaire. Prenez toujours les obstacles comme des leçons de vie pour en sortir grandi, c'est une chance de savoir faire ça, tous les chanceux le savent. Allez au bout des choses, faites vraiment tout votre possible pour ne pas avoir de regrets par la suite.

LEUR COUP DE CHANCE

Inès est venue me voir, car elle avait perdu le contact avec sa fille qui ne lui parlait plus depuis des années. Elle avait l'impression d'avoir tout tenté et que rien ne pouvait les rapprocher.

Elle ne venait pas me voir pour que je l'aide à retrouver une relation avec elle, mais pour réussir à y renoncer, à accepter la situation. Bien sûr, j'ai trouvé sa décision difficile, mais je l'ai respectée. Nous avons travaillé en hypnose sur sa sécurité intérieure, nous avons défait ses croyances autour d'une relation mère-fille et boosté sa capacité à lâcher prise. En parallèle, je lui ai proposé de faire l'exercice des bonshommes bâton pour couper les liens toxiques. Il s'agit de se dessiner dans un ovale avec, en face de soi, la personne avec qui on a des difficultés, dans un ovale également, puis de les relier par un trait au niveau de chaque chakra et ensuite prendre des ciseaux et couper ces liens dessinés en y mettant une intention claire et ferme : « Je coupe les liens toxiques avec… ».

Elle a beaucoup pleuré, nous avons dû faire trois séances pour qu'elle digère et intègre la fermeture de son lien avec sa fille, le fait qu'il n'y ait plus de contact et qu'elle était impuissante à en créer un. Nous avons beaucoup parlé lors des séances suivantes et il en est ressorti qu'elle avait fait tout ce qui était en son pouvoir.

Une relation, c'est 50-50, elle avait fait sa part, et même au-delà puisqu'elle avait travaillé sur elle, elle ne pouvait pas faire la part de sa fille. Personne ne peut, dans une relation, faire la part de l'autre. Réaliser à quel point elle avait été au bout de sa quête lui a permis de faire le véritable deuil de cette relation. Bien sûr, elle est restée ouverte à l'idée que sa fille puisse revenir vers elle, mais elle a arrêté de souffrir en attendant ce jour là, elle sait qu'elle a tout mis en place et qu'elle ne peut pas faire plus. L'accepter a été une belle libération pour elle.

PROJECTION POSITIVE

« Il doit y avoir des milliers de filles assises toutes seules comme moi, à rêver qu'elles deviendront des stars de cinéma, mais je ne vais pas me préoccuper d'elles. C'est moi qui rêve le plus fort. »

MARILYN MONROE

Rêvez-vous éveillé ? Vous autorisez-vous à vous imaginer dans une meilleure situation ? Plus entouré ? Plus riche ? Dans un métier qui vous fait fantasmer ? À quoi rêvez-vous debout ?

COMMENT ÇA MARCHE ?

Rêver plus fort, ça ne ressemble pas à une méthode et pourtant : on peut se conditionner à la réussite comme on peut se préparer à l'échec. La plupart des gens ont peur de l'échec et vont donc préférer imaginer les pires situations. Comme si ça faisait moins mal de perdre, de rater, d'échouer si on ne s'attendait pas à gagner. Cette façon de faire a un effet néfaste direct : quand on s'attend à ce que ça ne marche pas, tout va se mettre en place pour nous donner raison. Si vous entrez dans une pièce, persuadé que les gens à l'intérieur sont antipathiques ou stupides, personne ne va venir vous parler et vous ne ferez pas non plus l'effort d'aller vers les autres ou très maladroitement, ce qui confirmera votre première idée. Si vous entrez dans cette même pièce avec les mêmes personnes et que vous pensez que les gens sont ouverts, sympathiques et intéressants, votre attitude donnera envie de venir vers vous et vous serez à l'aise pour discuter et rencontrer plein de gens. En cas d'échec, vous insisterez, car vous pensez qu'ils sont intéressants, donc vous y passerez plus de temps, chercherez plus à approfondir les relations. En ressortant de la pièce, vous aurez confirmé votre croyance positive. C'est valable dans tous les domaines et dans tous les types de situations. Si vous êtes amoureux ou amoureuse, mais êtes persuadé(e) que c'est trop beau pour être vrai, que votre petit(e) ami(e) va vous lâcher, vous allez prendre le moindre prétexte pour déclencher une dispute et, petit à petit, user la relation jusqu'à arriver à un certain soulagement quand ce sera fini : c'est bien ce que vous aviez imaginé. À l'inverse, si vous êtes persuadé que quelque chose de bon va vous arriver, que la vie vous veut du bien, que vous le méritez, le cercle vertueux se mettra en route. Imaginez que vous avez écrit une pièce de théâtre et que vous êtes certain que cette pièce va se jouer et être un succès. Vous allez la faire lire à toutes les personnes que vous connaissez, oser écrire à des gens que vous ne connaissez pas, mais qui pourraient de près ou de loin vous aider. Vous allez ensuite remuer ciel et terre pour le financement, la production, la promotion et n'allez pas abandonner tant que ce ne sera pas un succès. Et ce sera un succès, car vous allez tout donner.

Décider que ce qu'ils veulent doit arriver, que cela ne peut être autrement, c'est le plus grand secret des chanceux.

MINI-ASTUCE « MAGIQUE » : FAIRE UN VŒU

*****

Lorsque vous souhaitez obtenir quelque chose, transformer une situation, une méthode assez efficace consiste à vous poser avec un papier et un crayon, puis à formuler un vœu. Par exemple : « Je souhaite travailler pour telle entreprise. » Puis faites comme si votre vœu s'était accompli et écrivez une lettre de remerciement à l'Univers/la nature/Dieu/à qui de droit. Brûlez cette lettre et enterrez les cendres près d'une plante ou d'un arbre. Voyez si la magie opère, ou juste la tranquillité d'avoir décidé que c'était acté.

LEUR COUP DE CHANCE

Étienne n'arrivait pas à faire décoller sa carrière d'acteur. Il allait de petit job d'appoint en petit job de comédien, rien de très brillant. Il passait de nombreux castings et son moral commençait à décliner d'autant qu'il avait peur de vieillir. Quand il est venu me consulter, c'était pour trouver une autre idée de métier. Seulement, nous avons eu beau chercher, comédien était vraiment ce qui lui correspondait à tout point de vue. Il insistait beaucoup pour que l'on trouve autre chose à tout prix. Je lui ai proposé de plutôt travailler sa confiance en lui et en la vie, et de se donner un an. Si, au bout de ce temps, sa situation ne s'était pas améliorée, on trouverait une autre voie. Il a accepté, nous avons travaillé sur deux axes : définir des objectifs précis et mesurables à court terme, et renforcer sa confiance en son talent et en son succès par l'hypnose. Nous avons défini des visualisations à faire chaque jour pour renforcer sa volonté. Après la première séance, il a fait ses visualisations chaque jour.

Au bout de quinze jours, il a décroché un rôle qui lui a permis de travailler assez pour valider son statut d'intermittent. Il a continué ses visualisations et, au bout de quelques mois, il a réussi un casting pour une plus grosse production et rejoint une troupe dont il admirait le travail. Il n'est pas devenu une star internationale, mais il a atteint le but qu'il s'était fixé : vivre de sa passion et ne pas faire de compromis sur la qualité. Il n'a plus reparlé de reconversion.

QU'EST-CE QUE JE FAIS ?

Il s'agit d'une ferme décision à prendre. Définir un but mesurable et décider que vous allez le réaliser. Cette décision doit être inébranlable. Pour l'appuyer, vous pouvez utiliser la visualisation positive : il suffit de vous imaginer réussissant et de ressentir l'état émotionnel dans lequel vous serez en ayant atteint votre but. Cette visualisation doit être faite le plus souvent possible et durer au moins 17 secondes, c'est le temps nécessaire pour qu'elle soit enregistrée par votre cerveau au même titre qu'une véritable expérience.

Fermez les yeux et imaginez-vous ayant réussi à atteindre votre but quel qu'il soit, du plus simple au plus ambitieux (arrêter de fumer, publier un livre, décrocher un emploi, partir faire le tour du monde, perdre 4 kg, devenir végétarien...). Essayez de ressentir chaque sensation liée à cette réussite : qu'est-ce que ça vous fait ? Avez-vous les yeux qui pétillent ? Le cœur qui bat plus fort ? Avez-vous meilleure mine ? Les cheveux doux ? Brillants ? Comment vous sentez-vous ? Quelle est l'émotion dominante ? Imaginez les conséquences positives de l'accomplissement de votre but : que disent les gens autour de vous ? Qu'est-ce que ça vous fait ? Faites cet exercice chaque matin jusqu'à ce que votre but soit atteint.

LA LOI DE L'ATTRACTION

★★★★★

Un livre best-seller a donné lieu à des centaines d'ouvrages sur le sujet : The Secret *de Rhonda Byrne. Le fameux « secret » consiste à avoir un but très précis et à s'attendre à ce qu'il s'accomplisse. On peut se dire, en toute logique : je sais ce que je veux, je suis attentif à ce qui peut m'aider, je provoque les bonnes rencontres, j'atteins mon but. Ou croire aux lois mystérieuses de l'Univers qui aide celui qui sait ce qu'il veut, le fameux « Aide-toi, le ciel t'aidera » : à force d'être persuadé que l'on réussira, on finit par réussir. D'ailleurs,* The Secret, *le fameux best-seller et film, n'a rien inventé. Déjà, dans la Bible, « Tout ce que vous demanderez en priant, croyez que vous l'avez reçu et vous le verrez s'accomplir » (Marc 11.24). Peu importe la croyance, seul compte le résultat.*

CHAPITRE 8

S'APPROPRIER SA CHANCE

Et si vous étiez beaucoup plus chanceux que vous ne le pensez ? À quel point êtes-vous conscient de la chance que vous avez ? Comment l'employez-vous ?

VOIR SA CHANCE

« J'ai toujours pensé que j'avais très peu de talent et beaucoup de chance. »
WOODY ALLEN

Comment se rendre compte de sa chance ? Comment savoir si ce que vous faites va dans le bon sens ? Si vous utilisez votre chance à bon escient ?

COMMENT ÇA MARCHE ?

C'est un phénomène assez fréquent chez les gens extrêmement talentueux de se croire mauvais. Souvent, ils prétextent la chance pour expliquer leur réussite. Les gens les moins qualifiés vont, eux, avoir tendance à surestimer leurs capacités. Selon Kruger et Dunning, qui ont les premiers rapporté cet effet dans un article très influent de 1999 dans le *Journal of Personality and Social Psychology*, l'explication serait que les gens incompétents n'ont précisément pas les compétences nécessaires pour évaluer leurs réelles capacités.

Difficile de déterminer l'influence de la chance *versus* nos réelles capacités, ce que l'on peut faire en revanche, c'est prendre conscience de la chance que l'on a, car on en a tous. Souvent, on se plaint, on a toujours envie de plus dans notre société de consommation basée sur l'insatisfaction, jusque-là, rien d'étonnant. En réalité, on ne voit pas sa chance. Illustrons cela par un conte arménien (« Conte arménien », Jean-Claude Carrière, *Le Cercle des menteurs*, Plon, 2010), qui donne une très bonne idée d'à quel point on peut passer à côté de sa chance.

Un homme était persuadé d'avoir peu de chance. Alors il décida d'aller voir un sage qui habitait loin, très loin à l'ouest. Ce sage pourrait sûrement lui dire où était sa chance.

En chemin, il rencontra une meute de loups et prit soin de les éviter. Un loup chétif, mais sympathique vint vers lui et lui demanda :
– Où vas-tu comme cela ?
– Je vais voir un sage pour lui demander pourquoi je n'ai pas de chance.
– Pourrais-tu lui demander pourquoi je suis si petit et faible ? Les autres sont grands et forts.

L'homme promit de demander et continua son chemin.
Plus loin, il s'assit contre un arbre sans feuille et apparemment malade, et s'endormit.
À son réveil, l'arbre lui demanda :
– Où vas-tu comme cela ?
– Je vais voir un sage pour lui demander pourquoi je n'ai pas de chance.
– Pourrais-tu lui demander pourquoi je suis sans feuille et faible ? Les autres arbres sont grands et gracieux.
L'homme promit de demander et reprit son chemin.

Le lendemain, il rencontra une maison isolée où une jolie jeune femme seule étendait son linge.
– Bonjour, où allez-vous ainsi ?
– Je vais voir un sage pour lui demander pourquoi je n'ai pas de chance.
– Pourrais-tu lui demander pourquoi je suis toujours célibataire ? Les autres sont toutes mariées.
L'homme promit encore.
Quelque temps plus tard, l'homme arriva chez le sage et lui posa toutes les questions.
Comme le sage avait réponse à tout, il lui donna les réponses pour chacun.

À l'homme, il dit :
– La chance est partout et il suffit de saisir les opportunités. Maintenant, rentre chez toi et tu trouveras la chance. »
L'homme repartit, convaincu que, cette fois, il trouverait la chance au pas de sa porte.

Il repassa devant la maison où il dit à la jolie jeune femme :
– Le sage m'a dit que tu n'as pas de défaut, mais que tu es trop solitaire et qu'il faut que tu accueilles un homme fort dans ta maison, et il deviendra ton mari.
– Il a raison. Veux-tu rester chez moi ce soir, tu as fait une longue route et j'aimerais t'offrir le gîte et le couvert ?
– Non, je dois rentrer chez moi trouver la chance qui m'attend.

Il poursuivit son chemin, laissant la jolie jeune femme seule et sans espoir de mari. Il repassa devant l'arbre.
– Le sage t'a-t-il dit quel était mon problème ?

– Oui, tu as un coffre rempli d'or mais rouillé qui est enterré près de tes racines, et il te pollue.
– Tu veux bien me l'enlever ? Tu pourras garder le coffre et l'or.
– Non, je dois rentrer chez moi trouver la chance qui m'attend.

Il reprit son chemin, laissant là l'arbre, le coffre et l'or.
Puis il croisa de nouveau le loup. Il lui demanda si le sage lui avait dit quelque chose pour lui.
– Oui, il m'a dit que tu es chétif et faible parce que tu ne manges pas assez de viande et que tu n'es pas assez agressif.

Alors le loup devint agressif et le mangea.

LES MEILLEURS LIVRES, FILMS, PIÈCES DE THÉÂTRE SUR LE THÈME DE LA CHANCE

★★★★★

★ *La série anglaise* Stan Lee's Lucky Man *: un homme perd son job et sa femme dans la même journée, mais il trouve un bracelet portant chance qui va changer la donne, seulement, on ne peut l'enlever et tout a un prix...*

★ *La pièce de théâtre* La Facture *de Françoise Dorin : Jacqueline Maillan joue un personnage qui est persuadé qu'un jour ou l'autre elle va devoir payer pour la chance extraordinaire qu'elle a eue toute sa vie. Pendant une grande partie de la pièce, elle essaie de provoquer sa malchance pour éviter d'augmenter sa « dette ». Elle s'auto-sabote, gâche les opportunités, mais rien n'y fait, la chance la poursuit.*

★ *La pièce et le film de Sacha Guitry* Bonne Chance *: un peintre joue au loto et décide de partager son ticket avec une charmante jeune femme, et ils gagnent.*

★ *La pièce et le film de Sacha Guitry* Le Roman d'un tricheur *: le personnage principal commence en volant des sous dans le porte-monnaie de sa mère. Puni, il est privé de champignons. Les champignons étaient mortels, toute sa famille meurt. Il grandit dans la peur de la tricherie qui le poursuit et devient croupier pensant s'en protéger.*

★ *Le film* La Chèvre *de Francis Veber parle de la malchance : la fille très malchanceuse du PDG d'une grande entreprise est enlevée. Il envoie au Mexique un de ses employés (Pierre Richard) qui est réputé pour sa malchance en espérant qu'il lui arrivera les mêmes mésaventures et que cela lui permettra de retrouver sa fille.*

★ *Le roman* La Musique du hasard *de Paul Auster : la chance d'un pompier qui hérite se mue en aventure entre poker, gangsters et malédiction.*

★ *Le roman* Providence *de Valérie Tong Cuong : des séries de hasard vont permettre aux personnages de passer de malchanceux à chanceux et inversement, dans un ballet très amusant.*

MA CHANCE

Ai-je ou non de la chance ? C'est une question de point de vue.

« J'ai beaucoup de chance. Je fais un métier que j'adore après avoir exploré de nombreux autres qui me faisaient rêver. J'ai un mari attentionné et deux enfants adorables en pleine santé. J'ai vécu dans des endroits aussi variés qu'un palais majorquin du XVIe siècle, un micro-studio avec cafards, un immeuble moderne, un appartement haussmannien avec parquet et moulures, une maison victorienne, une cabane en bois, une maison en habitat collectif, un hôtel particulier, une hutte de plage. J'ai beaucoup voyagé, visité des pays exotiques, vu des lieux mythiques et testé tous les moyens de transport imaginables. »

J'aurais aussi bien pu vous dire :

« J'ai la poisse. J'ai dû me reconvertir huit fois depuis que je travaille. J'ai fait deux fausses couches avant d'avoir mes enfants. Un des deux a fait des convulsions fébriles jusqu'à l'âge de 4 ans et nous avons pris le camion des pompiers quatre fois. J'ai un mari exigeant et pas très porté sur les compliments. Je n'ai jamais connu d'endroit fixe, j'ai déménagé 39 fois en 42 ans. J'ai eu des tonnes de soucis de voyage : vols annulés, trains en retard, bouchons interminables, j'ai survécu à deux accidents de voiture et deux accidents de moto. »

Les deux versions sont radicalement différentes, et pourtant, les deux sont vraies.

LEUR COUP DE CHANCE

Marina est venue me voir suite à l'échec de son entrée dans la grande école qu'elle visait. Elle s'en voulait tellement qu'elle n'arrivait pas à passer à autre chose et devenait même violente avec elle-même. Elle s'était réinscrite pour l'année suivante et avait prévu de faire une année de prépa supplémentaire, mais vraiment, la pilule ne passait pas. Elle ne supportait pas l'idée de « perdre un an ».

Alors je lui ai demandé quelles étaient ses valeurs, quelles étaient ses envies profondes pour optimiser l'année à venir, pour qu'elle ne soit pas « perdue ». Elle n'avait pas de réponse à ces questions. Pire, elle ne se les était jamais posées. Elle avait tellement avancé avec le seul objectif en tête de réussir cet examen qu'avec cet échec, toute sa vie s'effondrait, car elle n'avait pas de plan B, imaginait-elle, en réalité, elle n'avait même pas de plan A.

Nous avons tout décortiqué et, au final, trouvé qu'elle se mettait une pression folle pour réussir aussi bien que ses camarades de lycée qui faisaient tous de grandes écoles. Elle ne savait pas ce qu'elle voulait faire, mais elle s'est assez vite aperçue que ce parcours, qu'elle considérait comme un strict minimum, n'était pas aligné, pas adapté à son besoin d'écoute de l'autre, de solidarité, de douceur, de se sentir utile plus directement.

Elle a décidé de prendre une année non pas pour bûcher en vue d'un but qui n'était plus vraiment le sien, mais pour voyager. Voyager pour apprendre à se connaître et savoir ce qui la faisait vraiment vibrer. Au lieu de s'en vouloir et se gâcher la vie, elle a appris à s'écouter. L'échec de cet examen lui a ouvert la porte de la vraie réussite, celle d'avoir une vie alignée avec ses besoins et ses valeurs.

QU'EST-CE QUE JE FAIS ?

Faites le point sur votre parcours, notez les moments clés de votre vie (embauche, promotion, mariage, deuil, rencontres...), positifs ou négatifs, et essayez pour chaque événement de trouver les trois cadeaux qu'il vous a apportés. Par exemple : licenciement de la boîte où j'étais en CDI, 1) formation financée par le chômage, 2) liberté de partir m'installer dans une autre ville, 3) rencontre importante dans cette autre ville.

Avec des amis ou votre famille, proposez un tour de table pour que chacun raconte les trois plus grandes chances de sa vie. C'est à la fois bénéfique, car vous allez vous rendre compte que vous avez beaucoup de chance, mais aussi cela va vous permettre de constater où les autres voient leur chance, comment, souvent, il s'agit de résilience, de capacité à rebondir et non de fatalité.

EXPRIMER SA GRATITUDE

« Le contentement apporte le bonheur,
même dans la pauvreté.
Le mécontentement apporte la pauvreté,
même dans la richesse. »

CONFUCIUS

On nous apprend à dire merci à la dame quand on est tout petit, mais jamais on ne nous dit vraiment pourquoi c'est important. Remercier, c'est réaliser à quel point on a de la chance, et ça fait du bien à tout le monde.

COMMENT ÇA MARCHE ?

Une étude de Robert Emmons et Michael McCullough, chercheurs en psychologie à l'Université de Californie, montre à quel point la gratitude est bénéfique pour le moral, la santé, et partant la chance. Les deux scientifiques ont fait appel à plusieurs centaines de personnes qu'ils ont divisées en trois groupes. Le premier groupe tenait le journal de ses expériences quotidiennes, le deuxième groupe seulement des expériences désagréables tandis que, dans le troisième groupe, chacun devait dresser la liste des événements dont il pouvait être reconnaissant.

Dix semaines plus tard, ce dernier groupe était le plus positif, enthousiaste au quotidien et optimiste sur l'avenir. Mieux encore : ces personnes signalaient moins de soucis de santé et prenaient davantage soin d'elles-mêmes, notamment par la pratique d'activités sportives. On a aussi constaté une baisse du niveau de stress, une meilleure qualité du sommeil, une plus grande détermination, une performance accrue et une chute du risque de dépression comparativement aux autres groupes.

Il semble logique qu'en étant conscient de toutes les petites chances que l'on a chaque jour, on ait un état d'esprit plus positif et qu'on ait d'autant plus de chance.

QU'EST-CE QUE JE FAIS ?

Pour avoir plus de chance, pensez à être reconnaissant pour celle que vous avez déjà. Commencez à tenir votre journal de chance. Pour lancer le mouvement, listez les chances que vous avez eues, petites ou grandes, durant les 5 derniers jours. Puis chaque jour, listez vos trois chances du jour. Vous pouvez, si vous n'aimez pas écrire et pour vous aider, proposer aux membres de votre famille de lister à chaque repas ses chances, ses petits bonheurs du jour.

Cet exercice vous permettra de réaliser à quel point vous avez déjà de la chance et de vous rendre compte de ce qui vous donne la sensation d'être chanceux, ce qui vous fait vraiment plaisir, ce qui est important pour vous. En plus de vous mettre dans un état d'esprit positif, lister vos chances vous remet dans le bon axe pour savoir viser juste, où porter vos efforts.

MA CHANCE

Quand on m'a parlé de la gratitude pour la première fois, j'ai trouvé ça complètement stupide. Remercier ? Mais qui ? Et puis, quoi encore, déjà que je n'ai pas (cocher la case inutile) de petit copain, de nouvelles baskets roses, de nouveau jeu pour ma playstation, de panda comme animal de compagnie...

J'avais tendance à toujours me focaliser sur ce qui me manquait. Ça me semblait totalement logique de mettre l'accent sur ce qui n'allait pas, comme ça, je pouvais faire en sorte de le corriger, d'obtenir ce qui me manquait, d'identifier et résoudre les problèmes. Ce que je n'avais pas compris, c'est à quel point ce fonctionnement me rendait malheureuse.

Chaque jour, je faisais plein d'efforts et, à la fin de la journée, je ne voyais que ce que je n'avais pas réussi à faire. J'étais horriblement exigeante avec moi-même, ce qui passait à mes yeux pour une qualité.

En réalité, je me rendais malheureuse et j'éloignais les gens de moi, car j'étais encore bien pire avec eux. En passant par différentes formes de thérapies, j'ai fini par comprendre qu'avant toute chose, il fallait que je m'aime et que je m'accepte, et pour ça, il fallait que je lâche un peu prise. Être moins exigeante, comprendre que j'avais déjà beaucoup, que je faisais déjà assez m'a permis d'être plus douce avec moi-même, et donc avec les autres.

Peu à peu, j'ai appris à dire merci à la vie et aux gens qui m'entouraient, à ne pas considérer comme la moindre des choses tout ce que la vie m'offrait et tout ce qu'ils faisaient pour moi. J'ai gagné en joie de vivre, en légèreté et me suis entourée de personnes formidables.

Merci!

MINI-ASTUCE « MAGIQUE » : LA PRIÈRE

★★★★★

Et si vous tentiez une petite prière ? À votre Dieu si vous en avez un, vos dieux si vous en avez plusieurs, votre gourou si vous en avez un, ou bien à l'Univers/la nature/ce en quoi vous croyez. Pourquoi une prière ? Elle a deux effets particulièrement bénéfiques. Le premier est de savoir précisément votre objectif principal, vous n'allez pas déranger dieux et consorts pour un objectif qui ne vous tient pas à cœur et, devoir l'adresser à qui de droit, vous oblige à le formuler de façon précise et concise. Le second effet bénéfique est que cela vous permettra, si vous y croyez un minimum, de lâcher prise, et c'est souvent quand on arrête de s'agripper à ce que l'on veut que cela arrive. Offrez-vous la chance d'une petite prière de temps en temps, mais surtout, ayez la foi en votre bonne étoile.

AVOIR UN OBJECTIF

« La chance ne sourit qu'aux esprits bien préparés. »
LOUIS PASTEUR

Savez-vous vraiment ce que vous voulez ? Pour demain ? Pour le mois prochain ? Pour l'année qui vient ? Et à plus long terme ?

COMMENT ÇA MARCHE ?

Utiliser les coups de chance pour aller vers un but permet de rendre sa chance durable à long terme, de ne pas dépendre des coups de chance ou de malchance. En 1979, une étude sur les étudiants a été faite. On a posé aux diplômés de MBA de Harvard la question suivante : « Avez-vous fixé des objectifs clairs et écrits pour votre avenir et planifié leur accomplissement ? »

- 3 % des diplômés avaient écrit et planifié leurs objectifs.

- 13 % d'entre eux avaient des objectifs, mais ne les avaient pas écrits.

- 84 % n'avaient pas du tout d'objectifs.

Dix ans plus tard, les anciens diplômés ont été sondés de nouveau. Ceux qui avaient des objectifs et ne les avaient pas écrits gagnaient en moyenne deux fois plus que ceux qui n'avaient pas du tout d'objectifs. Quant aux 3 % qui avaient écrit et planifié leurs objectifs, ils gagnaient dix fois plus que les 97 % autres diplômés de la même année.

Quel que soit votre objectif, le connaître et le préciser le plus possible permet de l'atteindre plus certainement. Si vous voguez dans la vie en vous laissant glisser d'un événement à l'autre, vous risquez de ne pas être satisfait de votre point d'arrivée. Où vous voyez-vous dans cinq ans ? Dix ans ? Quels sont vos plans ? Quitte à les changer en cours de route, avoir des objectifs réalistes et mesurables vous permet d'avancer dans la bonne direction.

MA CHANCE

Lorsque j'ai donné mon premier cours de chance à la School of Life à Paris en 2016, j'ai proposé aux élèves de définir un but concret et mesurable à réaliser dans les cinq ans à venir. Pour lancer le mouvement et mettre tout le monde à l'aise, j'ai partagé le mien que je vous copie/colle depuis le document de ma conférence sans tricher :

« Pour ma part, je me vois donnant des conférences sur la chance, ayant écrit un livre sur le sujet, développant mon cabinet d'hypnothérapie dans un bel appartement parisien au calme, mais central et avec un autre en bord de mer pour le week-end et de beaux voyages régulièrement en famille. »

Aujourd'hui, vous tenez ce livre entre vos mains. Mon cabinet n'est plus au fin fond du XVIIIe arrondissement, mais en plein centre de Paris, j'ai été au Vietnam l'hiver dernier avec mon mari et mes enfants. Il ne me manque plus que l'appartement en bord de mer, en attendant, j'ai investi dans une tente qui se monte sur notre voiture et nous avons quand même nos week-ends avec vue sur la mer sans la contrainte d'aller toujours au même endroit.

QU'EST-CE QUE JE FAIS ?

Quels sont vos buts ? Comment imaginez-vous votre vie dans un an, cinq ans, dix ans ? Écrivez-le. Pour vous aider, créez un « tableau de vision ». En réalité, ce que l'on veut, contrairement à ce que l'on croit souvent, n'est pas intellectuel. On ne trouve pas ce qui nous fait vibrer dans la réflexion, en tout cas, ça n'est pas suffisant. C'est là que la méthode du tableau de vision est intéressante puisque l'on va puiser dans ce qui nous fait rêver visuellement sans mettre trop de mots, on va plutôt réagir à des images.

Comment le faire ? On prend des piles de magazines : mode, culture, art, voyages, décoration... Puis on découpe sans réfléchir et sans censure tout ce qui nous fait vibrer. Vraiment. Pas oui, pas mal : non, on découpe ce qui doit faire partie de notre vie. Sans penser si c'est possible ou vrai. On prend des images jusqu'à en avoir une large sélection, au moins 100. Puis, sur une grande feuille de papier, on les colle en créant un mix très intéressant. On photographie ce panneau et on le met en fond d'écran d'ordinateur, ou on l'encadre et on le met dans sa chambre. L'idée est de le voir tous les jours pour que votre cerveau enregistre vos envies et votre inconscient vous aide à trouver la voie pour y arriver.

CONCLUSION

« La vie n'est pas que question de recevoir de bonnes cartes, mais parfois, de bien jouer avec une mauvaise main. »
JACK LONDON

Nous sommes tous de grands chanceux, nous pouvons très facilement avoir plus de chance, surtout si nous savons ce que nous voulons. La plus grande difficulté à surmonter, ce sont les obstacles que l'on se met soi-même : croyances négatives, auto-sabotage, doutes. Avoir de la chance, c'est croire en soi, se faire confiance, et avoir confiance en la vie. Si vous ne voyez pas la chance pointer le bout de son nez, c'est sur votre sécurité intérieure qu'il faut travailler. Si vous êtes apte à vous lancer, à demander quand vous avez besoin, à vous entourer de personnes bienveillantes dont vous prenez soin, si vous aimez jouer avec la vie et si vous vous permettez de rebondir aussi souvent que possible sur les soucis, il n'y a pas de raison que la chance ne vous accompagne pas.

Quelle que soit votre idée de la vie, du monde, de l'Univers, si vous mettez tout en œuvre pour aller vers vos objectifs, ils se réaliseront. Si ce n'est pas le cas, creusez la question : était-ce le bon rêve ? Était-ce vraiment le vôtre ? Se tromper de rêve est plus fréquent qu'on ne le croit. Nous sommes tous très différents, et pourtant, on nous agite sous le nez les mêmes inspirations, les mêmes idées. Osez assumer complètement ce que vous êtes, osez vivre à votre façon, acceptez de ne pas être d'accord avec la majorité. La chance a tendance à choisir ceux qui assument pleinement leur authenticité et qui veulent faire bénéficier le monde de leurs talents. Soyez sincère, visez la vie qui vous va comme un gant, n'essayez pas de faire comme les autres, créez votre propre chemin même s'il vous semble plus sinueux ou moins joli que celui des autres, soyez persuadé que tout va forcément tourner en votre faveur et que la chance sera toujours votre alliée.

INDEX

BIBLIOGRAPHIE

Développement personnel :
Catherine Aimelet-Périssol, *Comment apprivoiser son crocodile*, Pocket, 2007.
Tal Ben-Shahar, *Choisir sa vie*, Pocket, 2017.
Luc Bodin, *Ho'oponopono*, Jouvence, 2011.
Sabine Bourgey, *L'Art et la manière d'avoir de la chance*, Cherche Midi, 2009.
Brené Brown, *La Force de l'imperfection*, Leduc.s, 2014.
Le Pouvoir de la vulnérabilité, Guy Trédaniel, 2014.
Nathalie Cariou, *Oser devenir riche*, Jouvence, 2012.
Christine Sarah Carstensen, *Avoir de la chance, ça s'apprend !*, Albin Michel, 2017.
Deepak Chopra, *La Voie du magicien*, J'ai lu, 2004.
Vincent Cueff, *La Magie des rencontres et des découvertes heureuses*, Jouvence, 2011.
Patrick Dacquay, *Les 21 Règles de vie de l'enchanteur*, Véga, 2017.
Christophe Fauré, *S'aimer, enfin !*, Albin Michel, 2018.
Isabelle Filliozat, *Les Chemins de la joie*, Marabout, 2017.
Philippe Gabilliet, *Éloge de la chance*, J'ai Lu, 2016.
Christopher K. Germer, *L'Autocompassion*, Odile Jacob, 2013.
Max Gunther, *Le Facteur chance*, Les Éditions de l'homme, 1978.
François Lelord, *Le Voyage d'Hector ou la recherche du bonheur*, Odile Jacob, 2004.

Christine Lewicki, *J'arrête de râler !*, Pocket, 2014.
Pierre de Lucas, *Les 4 Lois de la chance*, O2 Éditions, 2014.
Jordan B. Peterson, *12 Règles pour une vie*, Michel Lafon, 2018.
Marshall B. Rosenberg, *Les mots sont des fenêtres ou bien ce sont des murs*, La Découverte, 2016.
Richard Wiseman, *Notre capital chance*, JC Lattès, 2003.
Richard Wiseman, *Comment mettre la chance de votre côté !*, InterÉditions, 2012.

Littérature :
Paul Auster, *La Musique du hasard*, Babel, 2019.
Philippe Jaenada, *Le Chameau sauvage*, Points, 2017.
Valérie Perrin, *Changer l'eau des fleurs*, Le Livre de Poche, 2019.
Vikas Swarup, *Les fabuleuses aventures d'un Indien malchanceux qui devint milliardaire*, 10-18, 2007.
Valérie Tong Cuong, *Providence*, J'ai lu, 2010.

Cinéma :
Denis Amar, *L'Addition*, 1984.
Hal Ashby, *Bienvenue Mister Chance*, 1979.
Nicolas Cuche, *La Chance de ma vie*, 2010.
Sacha Guitry, *Bonne Chance*, 1935.
Sacha Guitry, *Le Roman d'un tricheur*, 1936.
Wayne Kramer, *Lady Chance*, 2003.
Patrice Leconte, *Une chance sur deux*, 1998.
Édouard Molinaro, *L'Emmerdeur*, 1973.
Gérard Oury, *Le Corniaud*, 1965.
Éric Toledano, Olivier Nakache, *Le Sens de la fête*, 2017.
Francis Veber, *La Chèvre*, 1981.

MON CAHIER DE VIE CHANCEUSE

1. Je note les plus grandes chances de ma vie, tous ces moments où j'ai eu la baraka.

1. ....

2. ....

3. ....

4. ....

5. ....

6. ....

7. ....

8. ....

9. ....

10. ....

2. Dix choses que j'aimerais beaucoup commencer bientôt.

Par exemple : la poterie, la danse jazz, le grec ancien...

1. ....

2. ....

3. ....

4. ....

5. ....

6. ....

7. ....

8. ....

9. ....

10. ....

3. Mes pires défauts et ce qu'ils m'apportent.

Sur le modèle : « Je suis... grâce à ça, je... et je... »

Par exemple : « Je suis paresseux, grâce à ça, je suis très efficace et j'ai le sens des priorités » ou encore « Je suis timide, grâce à ça, j'ai des relations profondes et intenses, et je me préserve du temps pour moi. »

1. ....

2. ....

3. ....

4. ....

5. ....

6. ....

7. ....

8. ....

9. ....

10. ....

4. Cette année, je suis très fier de moi.

Listez vos 10 petits et grands accomplissements de l'année.

1. ....

2. ....

3. ....

4. ....

5. ....

6. ....

7. ....

8. ....

9. ....

10. ....

5. J'apprivoise mes peurs, je liste mes 5 plus grandes peurs.

Par exemple : « J'ai peur de perdre mon job », « J'ai peur de ne pas en trouver un autre », « J'ai peur de ne plus avoir d'argent », « J'ai peur que tout le monde me laisse tomber », « J'ai peur qu'on ne m'aime pas vraiment. »

Pour chacune, écrivez à côté pourquoi vous en avez peur, puis demandez-vous encore pourquoi quatre fois. Comprendre ce qui se cache derrière vos peurs vous permettra de mieux gérer vos besoins.

Notez ensuite le besoin qui doit être comblé et des idées pour y arriver.

1. ....

2. ....

3. ....

4. ....

5. ....

6. Ces moments où j'ai écouté mon intuition.

Notez toutes les fois où vous avez réussi ce que vous vouliez grâce à votre intuition, toutes les décisions que vous avez prises sans trop réfléchir et qui se sont révélées excellentes.

1. ....

2. ....

3. ....

4. ....

5. ....

6. ....

7. ....

8. ....

9. ....

10. ....

7. Je cherche mes cadeaux cachés.

Listez les 5 derniers événements négatifs qui vous sont arrivés : licenciement, déménagement, deuil... Puis trouvez pour chacun 3 choses positives qui en sont ressorties.
Par exemple : « J'ai perdu mon travail, mais j'ai fait une formation, j'ai pris du temps pour moi et j'ai retrouvé un job qui me correspond mieux. »

1. ....

2. ....

3. ....

4. ....

5. ....

8. Je définis mes objectifs de façon claire et précise.

Pour l'année à venir :

1. ....

2. ....

3. ....

Pour dans 5 ans :

1. ....

2. ....

3. ....

Pour dans 10 ans :

1. ....

2. ....

3. ....

Remerciements

Merci à mon père, ce grand chanceux, de m'avoir appris à rebondir dans la vie quel que soit le terrain.

Merci à Yulya de m'avoir permis de prendre conscience de ma chance et de m'avoir fait changer de point de vue sur le sujet.

Merci à Fanny Augier de m'avoir donné l'opportunité d'être « prof de chance » à la School of Life.

Merci à Émilie Franc d'avoir cru au projet, Laure Sérullaz, mon éditrice, de m'avoir fait confiance pour l'écriture de ce livre et Claire Morel Fatio pour avoir su le mettre graphiquement en valeur.

Merci à Adam et Milan, mes deux petits chanceux.

Merci à mon chanceux mari de toujours croire en mes projets les plus fous.

PAPIER À BASE DE FIBRES CERTIFIÉES

LAROUSSE s'engage pour l'environnement en réduisant l'empreinte carbone de ses livres. Celle de cet exemplaire est de : 1,5 kg éq. CO_2 Rendez-vous sur www larousse-durable fr

Les Éditions Larousse utilisent des papiers composés de fibres naturelles, renouvelables, recyclables et fabriquées à partir de bois issus de forêts qui adoptent un système d'aménagement durable. En outre, les Éditions Larousse attendent de leurs fournisseurs de papier qu'ils s'inscrivent dans une démarche de certification environnementale reconnue.

Photogravure : Chromostyle
Imprimé en Espagne par Macrolibros
Dépôt légal : mars 2021
327013/01 – 11045352 – janvier 2021

Texte zur

Patienten-Wirklichkeit

Manuskript von
Claudio Kürten

Texte, Gestaltung
und Satz:
Claudio Kürten

Druck:
Th. Schäfer Druckerei GmbH
Hannover

Reproduktion
"Der Schrei"
von Edvard Munch

CK-Verlag
Claudio Kürten
Arabellastraße 5
(Appartement 1528)
81925 München
Tel.: 089-919887
Fax: 089-92323528

4. Auflage 1998

ISBN -3-924344-01-9